AF452157

L'Abbé L.-V. DUMAINE

Vicaire Général de Séez

# SAINT CHRISTOPHE

## MARTYR

ALENÇON

IMPRIMERIE ALENÇONNAISE, 11, RUE DES MARCHERIES

1909

# SAINT CHRISTOPHE

## MARTYR

L'Abbé L.-V. DUMAINE

Vicaire Général de Séez

# SAINT CHRISTOPHE

## MARTYR

sa Vie et sa Mort

sa Légende et son Culte

sa Confrérie

en l'Eglise de Saint-Christophe-le-Jajolet

au diocèse de Séez

ALENÇON

IMPRIMERIE ALENÇONNAISE, 11, RUE DES MARCHERIES

1909

# PRÉFACE

---

C'est bien loin au fond des premiers temps du Christianisme qu'il faut aller chercher quelques détails sur la vie de saint Christophe, quand on en veut faire revivre le souvenir. En ces temps-là, surtout au pays où a vécu et où est mort ce héros de la foi chrétienne, on ne recueillait guère encore les actes des martyrs. Le souvenir en gardait presque seul la mémoire. Aussi la rareté des documents sur les faits et gestes de cet illustre martyr a-t-elle fait contester son existence même par quelques critiques un peu sévères. Mais la tradition catholique sur ce point est elle-même un document de premier ordre. Le nom seul du saint martyr est grandement significatif. Et, quoique rares, des témoignages d'une réelle valeur sont là pour confirmer la piété populaire dans ses démonstrations de confiance et d'amour pour ce grand protecteur de l'humanité.

Les Bollandistes commencent ainsi leur travail sur saint Christophe : « Si le culte d'un saint martyr a jamais participé à la catholicité même de l'Eglise, c'est assurément celui du Bienheureux

Christophe, si célèbre par son extension et son antiquité. » (1)

La loi de prier étant la loi de croire, les monuments liturgiques viennent eux-mêmes apporter leur témoignage en faveur de saint Christophe. Ainsi les missels de Mayence et de Spire au XV° siècle, au siècle suivant ceux de Maëstricht, de Tournai, de Cambrai, de Strasbourg, de Verdun, de Milan, et surtout le missel Mozarabique de Tolède, réédité en 1500 par le Cardinal Ximénès, contiennent soit un office entier, soit une messe en l'honneur du saint martyr.

Sans doute, les auteurs cités et discutés par les Bollandistes sont assez sobres, et même parfois assez peu concordants sur l'origine et la vie du saint, ce qui s'explique par la rareté des documents remontant à la source même des faits, du moins la découverte récente de certains écrits non sans valeur a fini par apporter son contingent de détails sur cette vie jusque-là un peu mystérieuse.

A la Bibliothèque de l'Université de Leyde, en Hollande, on a découvert, il y a quelques années, un manuscrit grec du onzième siècle, qui donne un récit assez circonstancié de la vie et de la mort de saint Christophe. Les Bollandistes l'ont utilisé dans les pages qu'ils ont consacrées à l'illustre

(1) *Si ulla uspiam alicujus Sancti Martyris, per totam, qua laté patet, Ecclesiam catholicam celebris claret memoria, talis certé haberi debet hodiernâ Sancti Christophori Martyris, cultus celebritate, antiquitate et extensione notissimi.*

martyr. C'est ce document qui d'ordinaire sert de base pour exposer la vie du serviteur de Dieu.

L'office, qui lui est consacré dans la liturgie Mozarabe, et remonte à une époque non très éloignée de son martyre, concorde avec le manuscrit grec pour plusieurs détails et certaines réflexions, qui se lisent dans ces deux textes, sans qu'on les rencontre dans aucun autre monument.

La préface de saint Ambroise fournit aussi quelques détails, qui ont leur intérêt et confirment les autres récits.

Saint Pierre Damien, étant abbé de Fontavellane, a consacré son trente-troisième sermon à louer le triomphe de saint Christophe, et son exposé s'appuie sur quelques-uns des documents que nous venons de signaler.

Il y a enfin la légende dorée du Bienheureux Jacques de Voragine, archevêque de Gênes, qui, au treizième siècle, nous donne un récit plein de charme, embelli, sans doute, mais où se retrouvent les principaux traits de la vie de saint Christophe.

Cet ensemble de récits, tous de bonnes sources, est plus que suffisant pour garantir la croyance chrétienne à l'existence de ce grand martyr, et par suite à son bienfaisant crédit près de Dieu.

Aussi bien, la tradition grave au cœur du peuple pour ce qui est cher à sa foi des souvenirs, qui ainsi sont souvent mieux assurés de survivre à toutes les ruines d'ici-bas que les pages de la science et du génie. Et c'est le cas de rapporter ici le mot de Lacordaire :

« *Ce qui est gravé sur l'autel par le culte et dans le cœur par la prière dure plus que le marbre et l'airain ; et les rois qui n'ont que l'histoire pour vivre, ont assurément moins que ne donne à leurs apôtres l'âme des générations.* » (1)

Ces modestes pages, en reproduisant quelque chose de la vie, de la mort et du culte de saint Christophe, ont pour but de répondre au désir et d'exciter de plus en plus la pieuse confiance d'une paroisse, qui depuis des siècles se fait honneur de s'abriter sous l'égide du saint dont elle porte le nom glorieux.

Séès, le 8 Septembre 1908.

(1) *Sainte Marie-Madeleine,* p. 146.

## SAINT CHRISTOPHE

Sa Statue à l'autel de la Confrérie de Saint-Christophe-le-Jajolet

# SAINT CHRISTOPHE

## MARTYR

---

## I

## La VIE et la MORT de SAINT-CHRISTOPHE

La trace des saints, depuis leur naissance jusqu'à leur mort, est d'ordinaire facile à suivre. Il en est pourtant quelques-uns, dont la vie n'offre que des contours flottants dans un indécis mystérieux, au milieu duquel leur figure apparaît plutôt grandie. Mais leur nom a quand même traversé les âges, transmis fidèlement de génération en génération, sans que rien en pût faire perdre le souvenir. De ce nombre est saint Christophe.

Son lieu d'origine est resté incertain, mais d'après des récits d'une haute antiquité et d'une authenticité traditionnelle, il serait né dans une des îles reculées du pays de Chanaan, vers l'an 193. « Il s'éleva et s'épanouit, dit saint Pierre Damien, comme la rose empourprée, sur la tige épineuse des Chananéens, comme une grasse olive sur un olivier sauvage. »

Né de parents payens, il passa lui-même ses premières années dans les erreurs du paganisme, et porta tout d'abord le nom de Reprobus. Dès que l'âge le lui permit il se voua à la carrière des armes, et prit rang dans les légions fameuses qui, guidées par les aigles romaines, volaient à la conquête du monde.

Le pouvoir passait assez vite de main en main sur le trône des Césars, car trop souvent l'ambition, la ruse et la cruauté furent le moyen d'y monter. Ce trône fameux entre tous devint même parfois vénal, et, par une sorte de dérision, les milices se plaisaient à le mettre aux enchères. Ainsi Christophe vit-il passer successivement plusieurs de ces empereurs, dont le nom reste à jamais flétri dans l'histoire.

Il faisait partie de l'expédition dirigée contre Sapor, roi de Perse, et commandée par Gordien. Quand ce jeune prince, qui donnait les meilleures espérances, tomba sous le fer d'un sicaire, l'arabe Philippe, qui prit sa place.

Comme le nouvel empereur, qui avait autrefois reçu le baptême, se trouvait un jour à Antioche de Syrie, et voulait assister à la célébration des saints mystères, l'évêque, saint Babylas, vint l'arrêter sur le seuil du temple, lui reprochant le meurtre de Gordien, et lui enjoignit d'expier son crime par la pénitence. L'empereur s'humilia devant la sainteté du Pontife, et demanda publiquement pardon de sa faute.

Ce spectacle ainsi donné au peuple et à l'armée porta son effet. Un certain nombre de soldats encore païens, touchés par cette conduite aussi bien de l'évêque que du prince, demandèrent à faire partie d'une religion, qui savait inspirer de tels actes. Ils se firent donc instruire des vérités chrétiennes et eurent le bonheur d'être baptisés. De ce nombre se trouvait être Reprobus, qui, en même temps qu'il recevait le baptême des mains de l'Evêque, échangea son nom païen contre celui de Christophorus. Ce ne fut point pour lui d'ailleurs une vaine appellation, car âme généreuse et forte, il résolut de porter aux autres ce qu'il venait de recevoir, l'illumination de la foi et le don de la grâce par le nom de Jésus-Christ. Lui, qui auparavant rêvait des exploits de guerre, voulut se donner tout entier à la conquête des âmes pour l'extension du règne de Dieu. Il avait enfin trouvé sa vraie voie, il sera désormais l'intrépide soldat du Christ.

C'est au désert qu'il va tout d'abord demander la préparation à sa nouvelle mission. Il y passe plusieurs années, paraît-il, dans la solitude et le silence, habitant une caverne près d'un torrent, et se nourrissant des fruits que la nature lui offrait. Là, dans le calme de la retraite, il put mieux ouvrir son âme aux communications du ciel et recevoir les conseils de quelque pieux solitaire, affermissant ainsi sa foi contre tous les dangers que le monde allait bientôt lui offrir.

Pendant ce temps en effet le vent de la persécution s'était mis à souffler de nouveau et faisait rage contre les chrétiens.

C'était l'an 247 de l'ère chrétienne, la septième persécution sévissait de toutes parts, à la suite du meurtre de Philippe par Dèce, en haine de celui qui s'était montré trop favorable aux chrétiens. L'édit du nouvel empereur fut proclamé de ville en ville ; il était terrible, car il prescrivait d'épuiser toutes les tortures contre la fidélité chrétienne, et l'on offrait à l'apostasie toutes les séductions du plaisir et des honneurs. Parmi ceux que l'auréole du martyre vint particulièrement illustrer en ces temps, il faut surtout relever les noms du pape saint Fabien, de saint Babylas, d'Antioche, et de sainte Agathe, de Catane. La carrière était ouverte, Christophe s'y lança à pas de géant.

De toutes parts on traquait les serviteurs du Christ, pour les contraindre à adorer les faux dieux, et ceux qui restaient fidèles à leur foi étaient soumis à d'atroces tortures. La chrétienté n'était plus qu'une vaste bergerie livrée à la fureur des loups.

Sorti de sa retraite, sans nulle crainte du danger, Christophe résolut de prêcher Jésus-Christ à ceux qui ne le connaissaient pas encore, et d'encourager de sa parole ceux qui souffraient pour sa cause. Il arriva ainsi un jour dans une ville vaste et bien peuplée ; on croit que c'est à Lystres, port de la province de Lycie. Les chrétiens y étaient peu nombreux et avaient beaucoup à souffrir de la persécution. Témoin ému de leurs maux, Christophe résolut de prendre leur cause en main. Mais comme il ne connaissait pas la langue du pays, son premier soin fut de se prosterner sur cette terre encore païenne, et d'adresser à Dieu une fervente prière, pour obtenir de pouvoir se faire entendre aux habitants de ce pays, et confondre ainsi devant eux le pouvoir tyrannique qui les terrorisait. Le ciel exauça de suite sa prière, et, suivant la liturgie mozarabe, il eut à partir de ce moment le don des langues.

Sans plus de retard, il entre dans la ville, et voyant près d'une prison des chrétiens que l'on torturait inhumainement, il prend hardiment leur défense.

« O ministres injustes et cruels, s'écria-t-il ; ô princes des ténèbres, pleins de perversité ! Pourquoi avez-vous livré vos âmes au démon, et cherchez-vous à nous perdre avec vous, nous qui croyons en Dieu ? Pour moi, je suis chrétien, et je ne puis supporter que l'on sacrifie à de vaines et inutiles divinités. »

Un païen, entendant ce langage, s'approcha de Christophe et lui donna un soufflet. Avec un regard où se peignait l'émotion qu'il ressentait, le serviteur de Dieu se contenta de lui dire : « La loi de mon Dieu me défend de te rendre le mal pour le mal, c'est heureux pour toi, n'aie garde pourtant de recommencer. »

Christophe était de haute stature et d'un port majestueux, disent les vieux textes que nous suivons ; il avait le visage beau et agréable, les cheveux d'un soyeux éclatant, et tant de grâce était répandue dans toutes ses paroles et sa manière d'être, qu'il gagnait facilement l'affection de ceux qui le voyaient. On conçoit pourtant qu'après le regard sévère porté contre le soldat qui l'avait si brutalement frappé, celui-ci ait traité durement le serviteur de Dieu dans son rapport à César. « Prince, lui dit-il suivant la formule du temps, vivez à jamais ! Au milieu du peuple soumis à vos lois et fidèle exécuteur de vos ordres divins, est apparu un jeune homme à l'aspect redoutable et à la taille immense. Je ne puis vous décrire exactement sa figure et sa personne, mais il profère des paroles injurieuses contre les dieux, et il n'obéit point aux ordres de votre divinité. »

« Quoi donc, dit Dèce, est-il possédé du démon, pour qu'il te soit ainsi apparu ? »

Sur l'heure, il commanda deux cents soldats pour aller se saisir du rebelle.

« S'il vous résiste, ajouta-t-il, tuez-le, et apportez-moi seulement sa tête, afin que je puisse voir s'il est aussi redoutable qu'on me le dit. »

Le saint marchait ordinairement appuyé sur un long bâton. Or, comme il s'était un peu éloigné du lieu de la scène précédente, et qu'il s'était assis aux abords d'un temple voisin, ayant planté son bâton en terre, il fit à Dieu cette prière :

« Seigneur, Dieu tout puissant, exaucez-moi, tout indigne que j'en suis, vous qui avez exaucé les trois enfants dans la fournaise, qui êtes adoré au ciel par les anges, et à qui vos saints sur terre chantent des hymnes, que tous les chérubins vénèrent, et qui agréez leurs hommages, écoutez favorablement la prière de votre serviteur, pour que votre miséricorde se manifeste aux yeux de tous. Faites-donc, Seigneur, que cette baguette prenne des feuilles, comme autrefois la verge d'Aaron, afin que je travaille avec plus de courage à votre gloire, et que je vous loue, ô Dieu, Père, Fils et Saint-Esprit, dans les siècles des siècles. Ainsi soit-il. »

Sa prière était à peine finie, que le bâton se mit à verdir à son sommet, puis à porter des fleurs et des fruits. Ce prodige fut d'un grand encouragement pour le serviteur de Dieu et amena la conversion d'un certain nombre d'infidèles.

Or, à ce moment, une jeune fille vint à un jardin qui se trouvait tout près de là, pour y cueillir des fleurs, ainsi qu'elle avait coutume, et elle aperçut cet homme le visage baigné de larmes. De retour près des siens, elle raconta sa rencontre. A cet instant arrivaient les soldats envoyés par l'empereur, ils demandèrent à la jeune fille de leur indiquer où se trouvait cet homme, ce qu'elle s'empressa de faire. Mais à son aspect ils se contentèrent de le considérer de loin, sans oser l'approcher.

Pourtant, à la réflexion, ils se dirent : « Pourquoi craindre cet homme, puisqu'il est sans armes et n'a aucun moyen de se défendre ? » Et, s'approchant, ils lui dirent : « Pourquoi pleures-tu ? »

Mais lui leur dit simplement : « Je dois pleurer sur les hommes, car tant que j'ai ignoré Dieu, je n'ai jamais été accusé, mais aujourd'hui que je le connais, on me fait violence, et cette violence est injuste. Voilà pourquoi je pleure. »

Les soldats reprirent : « Nous sommes envoyés vers toi pour t'emmener enchaîné à l'empereur notre maître, afin que tu apprennes à honorer nos dieux, et non un Dieu qui nous est inconnu. »

En homme que le Christ a rendu libre des liens du péché, Christophe répugnait à subir les chaînes de César, sans toutefois vouloir se soustraire à sa tyrannie. Il s'en ouvrit avec ces soldats envoyés pour se saisir de lui. Il fit mieux encore, car voyant que pour eux la faim se faisait sentir, par la vertu de Dieu il renouvela en leur faveur le miracle de la multiplication des pains. En cela d'ailleurs encore il voulait s'opposer au mensonge, dont les soldats avaient l'intention, en lui proposant de dire à César qu'ils ne l'avaient point trouvé. Il leur dit donc : « Prenez et mangez, reconnaissez la puissance de mon Christ. Non seulement il prodigue les dons de la terre, mais c'est lui encore qui assure les biens du ciel à ceux qui espèrent en lui. »

Dans leur admiration de ce prodige les soldats s'écrièrent : « Gloire à toi, ô Dieu puissant ! Et nous aussi nous croyons en toi, qui gardes si bien ceux qui t'ont confié leurs espérances ! »

« Persévérez-vous dans ces sentiments, leur demanda Christophe ? » Sur leur réponse affirmative ces deux cents soldats furent régénérés dans les eaux du baptême. Et comme ils se dirigeaient ensuite vers le palais impérial, Christophe leur dit encore : « Fils bien-aimés, par amour pour le Dieu qui vous a aimés et choisis, méprisez tous les supplices, et restez fidèles jusqu'à la mort. Et maintenant liez-moi, ajouta-t-il, afin que l'on ne vous fasse pas une faute de ma liberté. »

C'est en pleurant qu'ils le chargèrent de chaînes, et, selon son désir, le conduisirent au monarque.

Mais à la vue de cet homme aux proportions herculéennes, l'empereur éprouva un trouble involontaire, qu'il ne put maîtriser. Christophe, s'en apercevant, n'eut garde de laisser passer une telle occasion pour faire rentrer ce prince en lui-même. « O malheureux prince, lui dit-il, si la seule vue d'un humble serviteur de Dieu te trouble de la sorte, comment pourras-tu paraître devant Dieu lui-même, pour lui rendre compte de toutes tes cruautés ? »

Remis de sa première émotion, l'empereur l'interroge : « Homme du désert, qui es-tu, et quelle est ta religion ? »

Christophe lui fit cette réponse : « Je suis chrétien ; mes parents me donnèrent le nom de Reprobus, mais depuis mon baptême je m'appelle Christophore. »

« Nom ridicule, lui dit le tyran, et qui ne te servira de rien. »

« Ridicule toi-même, lui répartit Christophe, puisque tu adores des pierres. »

« Aie souci de ta vie, ajoute Dèce, sacrifie aux dieux, je te ferai prêtre de leurs temples. »

Mais sans nul souci des menaces et des promesses, le serviteur du Christ confessa intrépidement sa foi.

Outré de dépit, l'empereur ordonna de le suspendre par les cheveux, une grosse pierre aux pieds, avec une nouvelle injonction d'avoir à sacrifier aux dieux. Puis, en présence de l'invincible résistance du patient, on apporte des torches ardentes pour les lui appliquer.

A ce moment de perfides conseillers suggèrent à l'empereur de vaincre la résistance du martyr par l'appât d'une feinte bonté.

« Reconnais ton erreur, homme d'une forme si remarquable, lui dit César, adore nos dieux, et je te donnerai à ma cour une place d'honneur. »

« Si vraiment c'est là ton désir, répond Christophe, fais-toi chrétien comme moi. »

Un officier de la cour conseille alors un autre moyen de vaincre la foi de Christophe, c'était de corrompre sa vertu. Le conseil fut trouvé habile, et sur l'heure on alla chercher deux courtisanes d'une grande beauté, et on les introduisit riche-

ment parées dans la prison du martyr du Christ.
Elles s'appelaient Aquiline et Nicette.

Christophe était à ce moment en prière, et dans
la prévision des embûches de l'ennemi, il disait
à Dieu avec toute la foi de son âme : « Vous voyez,
Seigneur, qu'ils ont dressé des pièges devant mes
pas, délivrez-moi de l'homme audacieux et ne
m'abandonnez pas, de peur que mes ennemis ne
s'en glorifient. » — Après cette prière le saint se
releva et se tournant vers les deux courtisanes,
il leur dit : « Que venez-vous faire ici ? » — Mais
ces femmes, frappées de l'éclat de son visage, et
saisies de crainte, n'osèrent répondre et se cachaient
le visage dans leurs mains.

Sur ses instances, elles finirent par lui demander
pardon, en disant que l'empereur les avait en-
voyées, afin de le porter à obéir à ses ordres et à
sauver ainsi sa vie.

Christophe se mit alors à leur prêcher Jésus-
Christ, et ces femmes ébranlées par l'ardeur de
sa parole, se rappellent ce qu'un diacre leur a dit
un jour à ce sujet, et elles comprennent qu'il n'y
a pas à hésiter entre la vie du temps et celle de
l'éternité. Le repentir entre en même temps dans
leur cœur, elles font à Christophe l'aveu qu'elles
sont de misérables courtisanes... Du moins elles
peuvent lui assurer que le produit de leur vie de
désordres a été surtout employé pour racheter les
captifs et soulager les pauvres. Nul doute que cette
charité devant Dieu n'eût contribué à leur valoir

cette grâce de la conversion. Sollicitant en effet la présence du serviteur du Christ, elles firent de suite un acte de foi dans le vrai Dieu, et se déclarèrent prêtes à subir la mort pour sa cause. Christophe fit alors sur elles le signe de la croix, et leur imposant les mains il dit cette prière : « Seigneur Jésus, regardez favorablement et protégez vos servantes, mettez-les parmi les brebis de votre troupeau, et qu'elles soient comptées au nombre des saints. »

A ce moment, le préfet entra dans la prison, et leur ordonna à tous trois de se présenter devant l'empereur, croyant bien d'ailleurs que le résultat voulu était obtenu. Aussi grande fut la déception du tyran, quand, interrogeant Aquiline et Nicette, il vit que c'était elles qui avaient été gagnées à la foi chrétienne.

« Prince, lui dit Aquiline, il n'y a qu'un seul Dieu, créateur du ciel et de la terre, tes dieux ne sont rien et ne peuvent secourir personne. »

Attribuant à la magie la conversion de ces femmes, Dèce ordonna tout d'abord contre Aquiline le supplice de la suspension par les cheveux, avec de grosses pierres aux pieds ; ce qui fut exécuté sur l'heure, de telle sorte que le pauvre corps de la patiente se trouva tout disloqué. Au milieu de ses tourments, la martyre se tournant vers le serviteur de Dieu, lui dit : « Je vous en supplie, priez pour moi. » Christophe se mit de suite en prière, demandant à Dieu d'abréger le supplice de sa servante. Pendant cette prière la courageuse martyre rendit doucement son âme à Dieu.

Le tyran fit alors jeter le corps pantelant d'Aquiline aux pieds de Nicette, en lui disant : « Aie pitié de toi-même et sacrifie aux dieux, ne m'oblige pas à flétrir ta beauté. »

« Mais à quels dieux donc m'ordonnes-tu de sacrifier, répondit Nicette, et où sont-ils ? Qu'on me mène à leur temple. »

On crut qu'elle faiblissait, et l'empereur fit étendre un riche tapis sur son passage ; le prêtre des faux dieux portait une riche couronne sur un plateau d'or, et des hérauts d'armes avaient mission d'escorter Nicette, comme amie des dieux, par les rues et les places de la cité. La jeune fille s'avançait douce et calme au milieu de toute cette pompe, le regard levé vers le ciel, elle demandait du fond de son âme force et courage pour le grand combat qui l'attendait.

« Quel est le plus puissant de tous vos dieux, demanda-t-elle, quand elle fut introduite dans le temple ? »

Et le prêtre de lui répondre que c'était Jupiter. Jetant alors une sorte de défi à la statue de cette divinité, elle l'adjurait de lui dire ce qu'elle avait à faire. Et comme elle ne recevait pas de réponse, Nicette détache alors sa ceinture qu'elle passe au cou de la statue, et par un violent effort elle la renverse sur le pavé du temple, où elle se brise en plusieurs morceaux.

Saisie et menée ensuite à l'empereur, Nicette une fois de plus affirme courageusement sa foi en disant : « Je crois en un Dieu qui ne peut être vaincu par personne. »

Dans sa rage impuissante, le tyran ordonne de torturer la courageuse jeune fille ; et elle fut transpersée d'une longue barre de fer, puis on lui meurtrit les pieds et les mains avec de grosses pierres. Pendant ce temps, Nicette aimait à redire : « Vos tourments me sont doux. » On allume alors un bûcher où monte sans crainte l'intrépide martyre ; mais les flammes l'entourent, sans lui faire aucun mal. Elle est enfin condamnée à avoir la tête tranchée, et elle offrit son cou au glaive en disant : « Seigneur vous avez rompu mes chaînes » (1).

Aux yeux de l'empereur le premier coupable de cette double victoire de la foi fut évidemment Christophe. Aussi dès le lendemain était-il de nouveau cité à comparaître devant ce prince, qui tout d'abord se vengea par l'injure. « Insensé, lui dit-il, étranger stupide et d'un nom ridicule, il ne te suffit donc pas de te perdre toi-même, il te fallait encore par tes artifices tromper les plus belles femmes de la cité. Ta mort était bien préférable. »

Un nouvel ordre d'avoir à sacrifier aux Dieux, sous les peines les plus sévères, est enjoint à

_______________

(1) Le 24 Juillet, l'Eglise, chaque année, honore la mémoire des deux sœurs martyres.

Christophe, qui se contente de jeter un fier défi
à toutes les menaces du tyran.

Puis, apercevant des soldats qui rentraient
en ville, il les appelle, afin par ses paroles de les
gagner à Jésus-Christ. Ces hommes viennnent
docilement, et à peine l'ont-ils entendu ,qu'ils
se prosternent à ses pieds, en disant : « Gloire
à toi, notre illuminateur et notre guide dans le
chemin de la vérité ! Nous ne craindrons pas la
souffrance, car par toi Dieu est avec nous. »

L'empereur les voyant ainsi aux pieds de Christophe, est outré de dépit, et lui crie : « Est-ce que
tu deviens mon rival ? »

« Sois sans crainte, lui répond-il, personne ne
te disputera l'héritage qui t'attend, celui du feu
éternel. »

Les soldats continuant d'affirmer leur foi au
vrai Dieu, et leur confiance en Christophe,
l'empereur en éprouva une grande tristesse, et
se mit à faire appel chez eux au sentiment.
Mais loin de se laisser prendre à de telles paroles,
ils rejettent avec dédain les promesses impériales.

Irrité au suprême degré et craignant que
cet exemple ne devint contagieux, l'empereur
prononce la sentence de mort contre ces deux
cents soldats chrétiens. Ils eurent tous la tête
tranchée, et leurs corps furent livrés aux flammes,
pour être réduits en cendre.

La rage du tyran devait maintenant se retourner
toute entière contre Christophe. Il le fit donc

amener et, d'un ton courroucé, commença par lui dire : « Insensé, quelle est donc ton audace de me priver ainsi de mes soldats ? »

Sans chercher à se justifier de l'action que sa parole avait pu exercer sur les soldats de César, Christophe se contenta de faire entendre à ce prince que c'est le Christ qui sait tirer l'or de la boue; qu'en lui était toute sa force et que pour lui encore jusqu'à son dernier soupir il saurait se dévouer à gagner des âmes à sa cause.

Exaspéré de ce fier langage, l'empereur fit flageller Christophe avec des verges de fer. Les soldats cette fois y mirent toute leur rage et la chair du martyr vola en lambeaux sous leurs coups redoublés. Mais lui, comme si cette torture eût renfermé quelque chose de la douceur du miel, provoquait le tyran à des supplices plus cruels encore.

Christophe est alors condamné à subir l'épreuve du siège d'airain. On amasse le bois autour de ce siège, on y verse de l'huile pour mieux exciter l'ardeur du feu; puis, quand le métal fut bien rougi par la flamme, le martyr du Christ vient s'y asseoir, sans rien perdre de sa sérénité. C'est pour lui comme une chaire d'où il se plaît à distribuer la parole de vérité à la foule qui l'entoure.

« J'ai vu au milieu de la place, leur dit-il, un homme d'une beauté remarquable, son visage était brillant comme le soleil, ses vêtements blancs comme la neige, sur sa tête il y avait une couronne éclatante. Ses soldats étaient peu nombreux, mais eux-mêmes entourés d'une splendeur incomparable. Et j'ai vu aussi un homme noir, entouré de beaucoup de guerriers à l'aspect farouche. Le combat s'engagea entre les deux chefs ; le succès fut tout d'abord pour ce dernier ; mais bientôt le guerrier brillant prit sa revanche, en refoulant ses ennemis. »

A ce récit si transparent, et à la vue de Christophe sain et sauf au milieu des flammes, la foule s'écria : « Gloire à toi, Dieu de Christophe, roi des cieux ! Nous aussi nous croyons en toi ! » — Puis cette foule se précipite vers le brasier et en retire le martyr du Christ, en jetant ce mot au tyran : « Honte à toi, le Christ t'a vaincu ! »

En présence de ce mouvement du peuple, Dèce est pris de frayeur, et se réfugie en toute hâte dans son palais, pendant que l'on reconduit Christophe en prison.

Mais le lendemain, sans rien modifier de son acharnement contre le nom chrétien, il fait crier par les rues de la cité : *Aujourd'hui, un sacrifice est offert aux dieux, celui qui ne viendra pas sera puni par le glaive.*

La multitude payenne se rendait donc à l'ordre de l'empereur, et courait vers les autels sacrilèges, quand, pendant ce temps, ceux que la parole et l'exemple de Christophe avaient gagnés à la vraie foi, allèrent le chercher à sa prison, et se rendirent avec lui au lieu du supplice de la veille.

Ils chantaient en chemin de pieux cantiques, et d'une voix si suave, que les payens eux-mêmes en étaient émus.

Les soldats impériaux se mirent alors à se ruer contre les chrétiens et en firent un horrible massacre.

Pour Christophe, on le réservait à des supplices plus raffinés encore.

Par ordre de l'empereur, une pierre d'un poids énorme est attachée à son cou, et on le précipite avec elle au fond d'un puits. Mais la pierre se brise en morceaux, et Christophe par la main d'un ange, se trouva ramené sur la place. Alors on chauffe à blanc un casque d'airain, et on le met sur la tête du martyr, qui n'en ressentit aucun mal. On l'attache ensuite à un poteau, et il sert de cible aux flèches des archers de César, mais sans qu'aucune puisse l'atteindre. On dit même que l'une de ces flèches se retourna contre l'archer qui l'avait lancée et le blessa gravement à l'œil. Ce fut pour le saint l'occasion d'un grand acte de charité. Il conseilla en effet au blessé d'appliquer quelques gouttes de son sang sur sa blessure pour être guéri. C'est ce qui arriva quelques instants après, quand par ordre de l'empereur, la tête de Christophe dut tomber sous le glaive du licteur. Ainsi commença-t-il cette série de bienfaits, que sa bonté et sa puissance devaient continuer à travers les âges. Du même coup, d'ailleurs, l'archer blessé trouva, par la vertu du sang du martyr, la lumière pour le corps et pour l'âme, car il se convertit à la foi chrétienne.

L'empereur avait ainsi porté la sentence de mort contre le serviteur de Dieu : Christophe méprisant les dieux et mes ordres, sera puni de la peine de mort.

C'était le 25 Juillet de l'an 251, jour où l'Eglise latine célèbre chaque année la mémoire du saint martyr.

Avant qu'il reçût le coup mortel, on entendit le saint qui demandait à Dieu que tout lieu où reposerait son corps, ou quelque partie de son corps, fût à jamais préservé des ravages de la grêle et de l'incendie, de la peste, de la famine et de la stérilité de la vigne. Il demanda encore que les démoniaques venant se prosterner devant ses reliques fussent guéris, et que ceux qui dans les calamités invoqueraient son nom fussent préservés. Et l'on rapporte qu'une voix venue du ciel ratifia pour l'avenir la prière du saint martyr, tant sa mort fut précieuse devant Dieu.

Pierre, évêque d'Attalie, racheta à prix d'argent le corps de saint Christophe, et après l'avoir soigneusement embaumé, il l'ensevelit, en lui rendant de grands honneurs.

Telles furent la vie et la mort de cet illustre martyr, dont à partir de ce moment le nom et la mémoire ont été en particulière vénération dans l'Eglise.

II

## LA LÉGENDE DE SAINT-CHRISTOPHE

Quand, dans le passé, un nom a été marqué au coin de la force, du prodige, et à plus forte raison d'une haute sainteté, souvent il arrive que peu à peu l'imagination populaire se plaît à grandir encore les choses à son sujet, d'où la légende qui a pris cours sur les faits et gestes de celui qui a autrefois porté ce nom.

Mais la légende elle-même est d'ordinaire l'indice sûr de l'importance du héros qui en est l'objet, puisque le temps et l'imagination populaire lui ont créé cette sorte d'histoire, où le merveilleux ajoute encore à ce que son existance a pu avoir d'extraordinaire. Aussi, dans le récit amplifié et parfois fantastique de la légende, se cache toujours un fond de vérité. Et c'est le cas de redire le mot du Jésuite Vandeerspacten, dans sa remarquable *Vie de sainte Catherine* : Ce que l'histoire ignore, la légende le sait.

La légende s'est assez vite faite sur le nom de

saint Christophe, précisément à cause de l'héroï·
cité de sa vie et de l'extraordinaire puissance
de protection, dont il a fait preuve depuis sa
glorieuse mort.

La foi chétienne était dans son plein épanouis·
sement, lorsque les grandes cathédrales venaient
orner de leurs grandioses splendeurs le sol
chrétien ; mais, hélas! elle était aussi à la veille
de ces jours néfastes, où l'hérésie allait assombrir
l'éclat de cette lumineuse époque. Le culte des
saints, dicté par cette foi vive, s'accusait par
toutes les démonstrations d'une piété aussi ardente
que sincère, à laquelle la poésie et les arts aimaient
à prêter leur concours. De là tous ces monuments
aussi riches que multiples de forme et d'expression,
qui nous sont restés comme le vivant témoignage
de la foi pieuse de ces temps.

C'est ainsi qu'à la veille des bouleversements
si profonds, que la Réforme protestante devait
apporter dans les idées et dans les mœurs, Jacques
de Voragine, le pieux archevêque de Gênes, au cours
du XIII<sup>e</sup> siècle, recueillant les traditions qui
avaient cours en ce temps-là, nous a donné dans
sa *Légende dorée* ces récits charmants de grâce et
et de naïveté, où la figure des saints nous apparaît
en quelque sorte plus auréolée, et en même temps
si attrayante. Voici donc la légende de saint
Christophe, telle que la rapporte Jacques de
Voragine.

Christophe, avant son baptême, s'appelait

Réprouvé, mais dans la suite il fut appelé *Christophore*, c'est à-dire Porte-Christ, parce qu'il
porta le Christ de quatre manières ; sur ses épaules
en le passant, dans son corps par la macération,
dans son âme par la dévotion, dans sa bouche
par la confession, dans ses actes par l'exemple.

Christophe était de la terre de Chanaan ; il
avait une taille très élevée, un aspect redoutable,
et douze coudées de haut.

On dit que fier de sa haute taille et de sa force,
il lui vint à l'idée d'aller servir le plus grand roi
de la terre ; il se mit aussitôt à sa recherche. Il vint
donc auprès de certain roi, dont on disait couram-
ment qu'aucun autre roi ne l'égalait en puissance.
Ce roi, le voyant tel qu'il était, l'accueillit volontiers, lui donna un logement dans son palais.

Or, un jour, un jongleur chantait, en présence
du roi, une chanson, où il nommait fréquemment
le diable, et le roi qui était chrétien, ne manquait
pas de faire le signe de la croix, dès qu'il entendait
prononcer le nom du diable ; ce que voyant,
Christophe, étonné, demanda au roi ce que signi-
fiait le geste qu'il faisait. Et comme le roi refusait
de le lui dire, il répondit : « Si tu ne me le dis pas,
je quitterai ton service ? » Alors le roi lui dit :
« Chaque fois que j'entends nommer le diable,
je me protège par ce signe, de peur qu'il ne prenne
pouvoir sur moi et ne me nuise. » Alors Christophe
reprit : « Si tu crains que le diable ne te nuise,
c'est donc qu'il est plus grand et plus puissant

que toi ? Aussi vais-je te dire adieu et me mettre en quête du diable, pour lui offrir mes services, car je n'étais venu ici que parce que je m'imaginais y trouver le plus puissant prince du monde ! » Puis il prit congé du roi et se mit en quête du diable, . Il rencontra dans le désert une grande armée dont le chef, personnage féroce et terrible, vint au devant de lui et lui demanda où il allait. Et Christophe : « Je vais en quête du diable pour lui offrir mes services. » Et lui : « Je suis celui que tu cherches ! » Christophe tout heureux, le prit pour maître.

Mais comme il passait avec lui devant une croix, élevée au bord d'une route, le diable épouvanté s'enfuit et fit un long détour afin d'éviter la croix. Ce que voyant, Christophe étonné, lui en demanda la cause, le menaçant de le quitter, s'il refusait de lui répondre. Alors le diable lui dit : « C'est qu'un homme appelé Christ a été attaché sur une croix, et depuis lors, dès que je vois le signe de la croix, j'ai peur et je m'enfuis. Et Christophe : « C'est donc que le Christ est plus grand et plus puissant que toi ! Ainsi j'ai perdu mes peines, et n'ai pas encore trouvé le plus grand prince du monde ! Je vais te dire adieu, pour me mettre en quête du Christ. »

Il chercha longtemps quelqu'un qui pût le renseigner. Enfin il rencontra un ermite qui lui dit: « Le maître que tu désires servir exige d'abord de toi que tu jeûnes souvent. » Et Christophe :

« Qu'il exige de moi autre chose, car cela est au-dessus de mes forces ! » Et l'ermite : « Il exige que tu fasses de nombreuses prières. » Et Christophe : « Voilà encore une chose que je ne peux pas faire, car je ne sais pas même ce que c'est que prier ! » Alors l'ermite : « Connais-tu un fleuve qu'il y a dans ce pays, et qu'on ne peut traverser sans péril de mort ? » Et Christophe : « Je le connais. » Et l'ermite : « Grand et fort comme tu es, si tu demeurais près de ce fleuve, et si tu aidais les voyageurs à le traverser, cela serait très agréable au Christ que tu veux servir ; et peut-être consentirait-il à se montrer à toi ». Et Christophe : « Voilà enfin une chose que je puis faire, et je te promets de la faire pour servir le Christ ! »

Puis il se rendit sur la rive du fleuve, s'y construisit une cabane, et, se servant d'un tronc d'arbre en guise de bâton pour mieux marcher dans l'eau, il transportait d'une rive à l'autre tous ceux qui avaient à traverser le fleuve.

Beaucoup de temps s'étant écoulé ainsi, il dormait une nuit dans sa cabane, lorsqu'il entendit une voix d'enfant qui l'appelait et lui disait : « Christophe, viens et fais-moi traverser le fleuve ! » Aussitôt Christophe s'élança hors de sa cabane, mais il ne trouva personne. Et, de nouveau, lorsqu'il rentra chez-lui, la même voix l'appela. Mais cette fois encore étant sorti, il ne trouva personne. Enfin sur un troisième appel, il vit un enfant qui le pria de l'aider à traverser le fleuve.

Mais voilà que peu à peu l'eau s'enflait, et que l'enfant devenait lourd comme un poids de plomb ; et sans cesse l'eau devenait plus haute et l'enfant plus lourd, de telle sorte que Christophe crut bien qu'il allait périr. Il parvint cependant jusqu'à l'autre rive. Et y ayant déposé l'enfant, il lui dit : « Ah mon petit, tu m'as mis en grand danger ; et tu as tant pesé sur moi que si j'avais porté le monde entier, je n'aurais pas eu les épaules plus chargées ! » Et l'enfant lui répondit : « Ne t'en étonnes pas, Christophe ; car non seulement tu as porté sur tes épaules le monde entier, mais aussi Celui qui a créé le monde. Je suis en effet le Christ, ton maître, celui que tu sers en faisant ce que tu fais. Et, en signe de vérité de mes paroles, quand tu auras franchi le fleuve, plante dans la terre ton bâton, près de ta cabane ; tu le verras demain matin, chargé de fleurs et de fruits. » Sur quoi l'enfant disparut ; et Christophe, ayant planté son bâton, le retrouva, dès le matin suivant, transformé en un beau palmier plein de feuilles et de fruits.

Il eut plus tard, l'occasion de se rendre à Samos, ville de Lycie ; et, comme il ne comprenait pas le langage des habitants, il se mit en prière pour demander à Dieu l'intelligence de cette langue. Et lorsqu'il l'eut obtenue, il se couvrit le visage, se rendit au cirque, et se mit à réconforter les chrétiens qu'on y torturait. Alors un des juges le frappa au visage. Et Christophe, se découvrant, lui dit, : « Si je n'étais chrétien, je vengerais aussitôt une telle injure ! » Puis il planta en terre son bâton et pria le Seigneur d'y faire pousser des feuilles, pour que ce miracle convertît le peuple. Le miracle se produisit en effet, et huit mille hommes se convertirent.

Alors le roi envoya vers lui deux cents soldats pour s'en emparer : mais les soldats s'étant approchés le virent en prière. et n'osèrent point le toucher. Le roi en envoya deux cents autres : le trouvant en prière, ils se mirent à genoux et prièrent avec lui. Et Christophe se relevant leur dit : « Que voulez-vous ? » Ils lui répondirent : « C'est le roi qui nous a envoyés, pour que nous t'enchaînions et te conduisions vers lui ! » Alors Christophe :« Si je le veux, vous ne pourrez ni m'enchaîner ni me conduire nulle part ». Et les soldats : « Si tu ne veux pas venir avec nous, va-t-en librement où tu voudras, et nous dirons au roi que nous n'avons pu te trouver ! » Mais lui :« Pas du tout, je suis prêt à aller avec vous ». Il les convertit cependant, d'abord, à la foi du Christ ; puis il leur ordonna de lui lier les mains derrière le dos et de le conduire ainsi auprès du roi. Et le roi en l'apercevant, eut peur et s'enfuit de son trône. Puis reprenant courage, il l'interrogea sur son nom et sur sa patrie. Et Christophe : « Avant mon baptême, je m'appelais le Réprouvé; maintenant je m'appelle le Porte-Christ ». Et le roi : « Tu t'es donné là un nom bien sot, le nom de ce Christ crucifié ne t'a pas servi, ne pourra jamais te servir de rien. Pourquoi ne veux tu pas plutôt sacrifier à nos dieux ? » Et Christophe : « Eh bien, toi tu mérites ton nom de Dagnus, car tu es le complice du diable, et tes dieux ne sont que de vaines images ! » Et le roi : « Nourri parmi les bêtes féroces, tu ne sais dire que des choses bonnes pour elles, et incompréhensibles pour l'espèce humaine. Je te préviens seulement que si tu consens à sacrifier à nos dieux, tu recevras de moi de grands honneurs ; mais que si tu refuses, tu périras dans des supplices ». Et comme le saint refusait de sacrifier, il le fit jeter en prison ; et il fit décapiter les soldats qui, envoyés vers lui, s'étaient convertis à la foi du Christ.

Il fit ensuite introduire dans la cellule du prisonnier deux belles filles, nommées Nicée et Aquiline, leur promettant de grandes récompenses, si elles amenaient Christophe à pécher avec elles. Mais Christophe, en les apercevant, se mit en prière. Et comme les deux jeunes filles tournaient autour de lui pour l'embrasser, il se leva et leur dit : « Que cherchez-vous, mes enfants, et pourquoi vous a-t-on indroduites ici ? » Et elles, effrayées de l'éclat de son regard, lui dirent : « Saint homme de Dieu, aie pitié de nous, et aide-nous à croire au Dieu que tu prêches ! » Ce qu'apprenant, le roi les fit comparaître devant lui, et leur dit : « Vous vous êtes donc laissées séduire, vous aussi ? En tout cas, je vous jure que, si vous ne sacrifiez-pas aux dieux, vous périrez de malemort ! » Alors elles lui répondirent : « Si tu veux que nous sacrifiions, ordonne que le peuple entier se réunisse dans le temple ! » Puis, entrant dans le temple, elles lancèrent leurs ceintures autour du cou des idoles, les tirèrent à elles, les mirent en poussière, et dirent aux assistants : « Allez maintenant chercher les médecins, et dites-leur de guérir vos dieux ! » Alors par ordre du roi, Aquiline est pendue à un arbre ; on attache à ses pieds une énorme pierre et on lui rompt tous les membres. Et, lorsqu'elle a rendu son âme à Dieu, sa sœur Nicée est jetée dans le feu : mais elle en sort sans souffrir aucun mal ; et le roi, aussitôt la fait décapiter.

Mandant ensuite Christophe, il le fait frapper de verges de fer, lui fait placer sur la tête un casque rougi au feu, le fait attacher sur un siège d'airain embrasé. Mais celui-ci se brise comme de la cire, et Christophe se relève sans avoir aucun mal. Alors le roi le fait attacher à un tronc d'arbre, et ordonne à quatre mille soldats de tirer sur lui. Mais leurs flèches restent suspendues en l'air : aucune d'elles ne parvient à atteindre Christophe. Et comme le roi, le croyant déjà tout transpercé de flèches, lui crie des insultes, soudain une flèche se retourne contre lui, le frappe à l'œil et le rend aveugle. Alors Christophe : « Je sais que c'est aujourd'hui que je vais mourir. Quand je serai mort, applique un peu de mon sang sur tes yeux et tu recouvreras la vue ! » Le roi lui fait aussitôt trancher la tête ; puis, prenant un peu de son sang, il s'en frotte les yeux ; et aussitôt il recouvre la vue. Alors le roi se convertit, reçoit le baptême et décrète que toute personne qui blasphèmera contre Dieu ou contre saint Christophe aura aussitôt la tête tranchée (1).

Voilà ce que raconte Jacques de Voragine sur Saint Christophe dans la Légende dorée, et l'on sent que dans ce récit l'histoire et la légende se touchent en plusieurs points.

Un conteur du Moyen-Age a aussi donné sa légende de saint-Christophe en vers naïfs, où la grâce et la simplicité de l'exposé se le disputent. Nous ne voulons citer que ces premiers vers :

> Qui voit saint Christophe en passant,
> Je dis son image bénite,
> Ne mourra pas de mort subite,
> Tant sur le diable il est puissant.

La peinture et la statuaire ont mainte fois traité ce sujet de saint Christophe, souvent d'une manière heureuse, toujours d'une façon très significative au point de vue de l'allégorie ou du souvenir.

Aux temps de foi la scène fut souvent un moyen de moraliser et d'instruire le peuple, d'où la

(1) Cette traduction est en majeure partie celle de M. Théodore de Wyzewa, telle que l'ont donnée les « Annales de la Confrérie de Saint-Christophe », nos 13 et 14 de Mai 1902.

représentation de ces *Mystère*, comme on disait alors, où les populations venaient en foule, et en remportaient de fortes et salutaires impressions. Les personnages ou les faits de l'histoire sainte et de l'histoire ecclésiastique en formaient le sujet ordinaire. Saint-Christophe eut lui aussi dans le temps, son mystère, où sa vie et sa mort se déroulaient dans un drame saisissant sous les yeux émus des spectateurs. Le fait seul atteste une fois de plus combien l'attention du peuple chrétien était éveillée sur le nom de l'illustre martyr.

Ce sujet d'ailleurs a inspiré non seulement les poètes du Moyen-Age, mais la muse de certains poètes modernes a su aussi y trouver de très heureuse inspirations.

Théophile Gautier lui doit une de ses meilleures compositions.

Pour terminer ce chapitre de la légende de saint Christophe, nous aimons à citer le récit en vers de ce sujet, qui une fois de plus fait grandement honneur à la plume toujours si bien inspirée du P. Victor Delaporte, de la Compagnie de Jésus, notre compatriote.

## CHRISTOPHE LE PASSEUR

### I

Vous la connaissez tous, plus ou moins, j'imagine,
L'histoire que conta Jacques de Voragine ;
Vieille histoire, du temps où nos aïeux hardis
Peuplaient de saints, à grand'foison, le Paradis.
Or, ce fut un vrai saint, et saint de bonne étoffe
Que ce saint-là nommé *Porte-Christ* ou *Christophe* ;
De belle taille aussi, sept pieds de haut, voire un peu plus ;
Dieu ne prend pas toujours des nains pour ses élus !
Quand Christophe marchait sous son casque de cuivre,
(Christophe était soldat) il faisait bon le suivre,
On y trouvait de l'ombre, à vingt pas tout autour :
On aurait dit d'un chêne, et quasi d'une tour.
Les oiseaux s'y trompaient ; en traversant l'espace,
Les oiseaux se posaient sur cet arbre qui passe.
Christophe en souriait : et, dans un pli du cœur
Il sentait quelquefois, dit le vieux chroniqueur,
Monter complaisamment un fil de vaine gloire ;
Mais, lorsqu'on a sept pieds on peut s'en faire accroire
Lorsqu'on voit de si haut et si loin l'horizon !...
D'aucuns sont vaniteux avec moins de raison :
Le riche, le savant, le sot, le philosophe.
Cependant, être saint c'est être humble. Et Christophe,
Pour réduire son âme où l'orgueil triomphait,
Voulut devenir humble et l'être tout à fait.
Humble en soi-même, il fut aux autres secourable :
Il se fit un bâton d'un tronc d'orme ou d'érable,
Et sur l'ordre d'un ange ou de son confesseur,
Près d'un torrent fougueux, il s'établit passeur.
Pour cabane, il planta quatre branches de saule,
Et se mit à passer les gens sur son épaule.
Toujours prêt à courir sitôt qu'on le hêlait,
Ployant pour tous son dos comme un simple valet.
Il passait, il passait avec zèle et courage,
Durant les jours d'hiver, durant les nuits d'orage,

Quand le torrent s'enflait, écumait, se fâchait,
Et que les rocs, par bonds, y faisaient ricochet ;
Christophe, dans l'écume et le fracas superbe,
Portait bêtes et gens comme on porte un brin d'herbe.


## II


Christophe, un soir, dormait. C'était un soir d'été ;
Le torrent n'était plus qu'un ruban argenté,
Un filet d'eau tremblant sous les étoiles blanches,
Une voix tout à coup le hêle avec douceur,
Voix fraîche, voix d'enfant : » Passeur, passeur, passeur ! »
Christophe se leva : « Qui m'appelle ?...
                                              Personne
Près de l'eau qui bruit, sous l'arbre qui frissonne :
« J'ai rêvé se dit-il, dormons. » Il s'endormit.
— Passeur ! Passeur ! Passeur !... Et le bon saint frémit.
Il sort, il cherche au loin, regarde sur la grève ;

Rien au loin, rien de près; non rien ! « L'étrange rêve ! »
Et se signant deux fois, Christophe se rendort.
— Passeur ! Passeur ! Passeur !»
                                    Sur le gazon du bord,
Debout dans l'herbe verte, et se mirant dans l'onde
Un tout petit enfant penchait sa tête blonde ;
Christophe accourt : « Petit, que fais-tu dans ce lieu ? »
— J'attends.
                  — Tu veux passer ?
                                      — Oui pour l'amour de Dieu.
— Soit, mais ne crains-tu pas ?... Courir seul, la nuit close,
Quand les loups, les voleurs... L'oses-tu bien ?
                                                — Je l'ose.
Passe-moi ; les conseils sont bons mais superflus. »
L'enfant à tête blonde avait cinq ans au plus ;
Christophe le posa sur son épaule droite,
Comme un fétu ; partit, franchit la berge étroite,
Entra dans l'eau, marcha, son bâton à la main...
Mais à peine eut-il fait quatre pas du chemin

Qu'il s'arrêta, soufflant et courbé sous la charge.
La charge était bien lourde et le torrent bien large.
— Que je suis écrasé, que le trajet est long !
Vraiment cet enfant-là pèse comme du plomb !
Christophe trébuchait et choppait sur les pierres .
Hors d'haleine ; des pleurs lui glissaient des paupières ;
La sueur ruisselait de ses tempes. Souvent
Fermant les yeux n'osant regarder en avant,
Il appuyait son front sur son bâton d'érable
Et priait : « Je ne suis qu'un pécheur misérable !
Je n'aurai plus d'orgueil, j'en avais trop jadis...
Mais quel est ce petit qui pèse comme dix,
Comme vingt ?... Est-ce bien un mortel que je passe ? »
Et, plié presque en deux, le passeur tête basse
Au milieu d'un torrent qui n'a pas trois pieds d'eau,
Hasarde un pas, tâtonne et geint sous son fardeau ;
A chaque instant le poids s'alourdit d'avantage ;
Et ce n'est qu'un enfant ! un enfant de cet âge !
Bien doux, qui, tour à tour, lui sourit et s'endort.
Christophe enfin, brisé, s'accroche à l'autre bord :
« Dieu soit loué ! J'ai cru, dit-il, sur mes épaules
Que je portais ce soir le monde et les deux pôles ! »
Déjà l'enfant si lourd ne pèse plus qu'un fétu ;
Et souriant encore au passeur abattu,
Sur le front du géant, penchant sa tête blonde :
« Christophe, tu portais Celui qui fit le monde ! »


La légende par elle-même confine déjà quelque
peu au culte de celui qu'elle raconte et dont elle
exalte les faits et gestes. L'histoire du culte d'un
saint a son intérêt. Nous allons le voir pour le
culte de Saint-Christophe.

## III

## LE CULTE DE SAINT-CHRISTOPHE

La prière de saint Christophe avant de mourir, et la promesse qu'il reçut du ciel de la voir exaucée, expliquent suffisamment que le culte du Saint Martyr se soit vite répandu. On le retrouve dans l'Orient aussi bien que dans l'Occident, dès la plus haute antiquité.

Le martyrologe le plus ancien que l'on connaisse, celui qui porte le nom d'Eusèbe et de saint Jérôme, mentionne déjà saint Christophe. Florus, dans son addition au martyrologe de Bède, Wandelbert, Raban-Maur, Notker, Adon, Usuard, tour à tour enregistrent les actes du Saint martyr. Le martyrologe romain, à la date du 25 juillet, l'annonce en ces termes : « En Lycie, saint Christophe martyr, qui, sous l'empereur Dèce, fut déchi é de verges de fer, et préservé de la violence du feu par la puissance de Jésus-Christ, puis percé de flèches, et enfin décapité pour achever son martyre ».

D'autre part, les Ménées Grecques, le Ménologe, l'Euloge, le Typique qui porte le nom de saint Sabas, le Synaxaire de saint Basile, le calendrier de Génébrard, l'Horologium de 1607, l'Anthologe, le Ménologe de Sirlet publié par Canisius, les Ephémérides Greco-Mosques, le calendrier russique de l'Université pontificale de Bologne et les Ménologes Slavo-Russes ont tous inscrit dans leurs pages le nom de l'illustre martyr.

L'Eglise latine célèbre sa fête le 25 juillet de chaque année ; mais quelques autres églises l'ont fixée à des dates différentes ; ainsi le calendrier de marbre de Naples, le missel de Trente, ceux d'Arras et de saint-Jacques de Compostelle. La liturgie mozarabe a la même date que le martyrologe romain.

Plusieurs diocèses ont possédé une messe propre en l'honneur de saint Christophe. Dans le missel de Tolède : on office offrait une grande magnificence de poésie.

Avec la réforme du bréviaire par saint Pie V nombre de fêtes locales sont disparues. Cependant, trois diocèses de Dalmatie, Sébénique, Arbe et Veglia, ont encore un office spécial en l'honneur du glorieux martyr avec oraisons, hymnes et leçons propres, dont quelques parties sont fort anciennes (1).

(1) Saint-Christophe, sa vie et son culte, par M. l'abbé P. Mainguet, curé de Saint-Christophe, au diocèse de Tours, p. 125 et 126, passim.

Si actuellement dans la liturgie sacrée saint Christophe n'a plus la place qu'il avait autrefois, sa commémoration a été cependant maintenue au 25 Juillet, et, malgré tout, il est loin d'être mis en oubli, car la piété chrétienne continue d'avoir de multiples démonstrations en son honneur.

En Espagne rares sont les églises qui n'offrent pas un autel, une représentation ou quelque souvenir du saint Martyr.

Il y eut en France et en Espagne plusieurs monastères bâtis en l'honneur de saint Christophe.

Mais quand est-ce que son culte a commencé en France ? Les documents font un peu défaut pour pouvoir préciser les choses à cet égard. Ce qu'il y a de certain, c'est que vers 390 il y avait à Laon un édifice sacré dédié à Saint-Christophe. A la même date, suivant Dom Chamard, il y aurait eu au diocèse de Poitiers un oratoire de saint Christophe, devenu plus tard l'Abbaye de saint Jouin-de-Marnes, non loin de Thouars. Au diocèse de Lyon, une église de saint Christophe fut fondée du vivant de saint Eucher, et par conséquent avant l'an 450. Saint Christophe d'Auxerre était fondé par saint Loup vers 440. Saint Christophe de Reims était un oratoire tellement vénéré vers 590, que saint Rémy le choisit pour le lieu de sa sépulture. Cinq siècles plus tard le pape saint Léon IX venait consacrer lui-même en cette ville un autel érigé à la mémoire du saint martyr. Paris eut aussi de bonne heure une église dédiée sous son vocable.

L'éloge de saint Christophe a été traduit dans toutes les principales langues, et la poésie l'a chanté parfois d'une manière fort heureuse.

D'ailleurs dès le début la dévotion à saint Christophe devint promptement populaire, et l'humble image du géant passeur, du porte-Christ, se voyait à nombre de foyers, où l'on aimait à invoquer sa protection tutélaire.

Tous les pays chrétiens se sont fait un honneur de lui décerner d'expressifs hommages. Wilna capitale de la Lithuanie, portait même l'image de saint Christophe sur son sceau public.

Au quinzième siècle un auteur pouvait écrire : « Il n'y a pas une contrée du globe, où la quantité inouïe de ses prodiges ne l'ait fait connaître. » Abordant les plages du nouveau-Monde, Christophe Colomb y implanta sans retard, avec la croix, le culte de son illustre patron.

Nulle démonstration d'ailleurs plus significative du culte d'un saint que celui rendu à ses reliques. Tolède, Valence, Saint-Jacques-de-Compostelle, Astorga, et Rome dans plusieurs de ses églises, possèdent les principales reliques de saint Christophe. Dans ces divers lieux elles ont toujours reçu de grands honneurs. A la suite de ces villes, nombre d'autres lieux, dont l'énumération serait trop longue, ont obtenu au cours des âges d'importants fragments de ces précieuses reliques, et les enchâssent dans l'or et les pierreries.

A défaut de fragments, plusieurs églises s'estiment encore heureuses de posséder de simples parcelles des ossements du saint, et se font un pieux devoir de les entourer d'honneur. De ce nombre est la paroisse de Saint-Christophe-le-Jajolet, au diocèse de Sées. Et chaque année au jour de la fête patronale, le reliquaire qui renferme ces précieux restes est solennellement porté en procession sur un riche brancard, au chant des invocations du saint patron du lieu.

Cette dévotion à Saint Christophe devint même si intense, qu'au Moyen-Age elle en vint à se traduire par un regard de foi jeté vers l'image du saint martyr, avec la confiance intime d'avoir ainsi mérité pour le jour les effets assurés de sa puissante protection. Par ce regard tout de foi et de piété on se croyait ce jour-là garanti de mort subite, et des autres accidents fâcheux, qui, si souvent, menacent la vie de l'homme. D'où ce vieux dicton, traduit en ces deux vers latins :

> Christophorum videas,
> Postea tutus eas.

> *Regarde saint Christophe, puis va-t-en rassuré.*

Cette sentence se lisait à Milan, sur le mur extérieur de l'église saint Ambroise, au-dessous de l'image du Saint.

C'est dans le même esprit que l'on disait encore :

Qui te mané vident
Nocturno tempore rident.

*O grand saint, ceux qui vous voient le matin se réjouiront le soir.*

A la Bibliothèque Nationale, sur une vieille gravure, qui passe pour être la plus ancienne du genre, on voit un saint Christophe avec cette inscription :

Christophori faciem quacumque tueris,
Illâ nempe die morte malâ non morieris.

*Quelque part que tu auras regardé l'image de saint Christophe, ce jour-là tu ne mourras pas de mort tragique.*

Une statuette en argent du Saint, appartenant au trésor de la Sainte-Chapelle à Paris, portait, avec une simple variante, la même inscription.

On la retrouve aussi en Pologne sur une image du saint fort répandue en ce pays.

A Venise, sous le porche de Saint-Marc, la mosaïque du glorieux martyr est accompagnée de la même sentence.

Dans le chœur de la collégiale de saint Pierre le vieux, à Strasbourg, on la retrouve encore.

Les Bollandistes, de leur côté, la mentionnent en quatre vers latins.

A Saint-Pierre de Rome, la châsse qui renferme l'épaule de saint Christophe, porte quatre dystiques, dont le dernier est une invocation au saint pour être préservé de la peste.

Tout cela traduit d'une manière remarquable la pieuse confiance, que la bonté et la puissance du saint martyr ont su exciter partout depuis longtemps.

C'est de ce sentiment encore que sont venues toutes ces représentations sans nombre, et parfois si expressives du colossal Porte-Christ.

La piété pour sa mémoire a semé partout son image. On donne parfois à sa statue des proportions extraordinaires, et on aimait à la placer en des endroits élevés en dehors des édifices sacrés, ou bien encore à l'intérieur des églises, au bas de la nef, en face de la porte principale, afin que les foules puissent mieux et de plus loin voir et saluer ces salutaires images, et bénéficier du privilège attaché à leur seule vue.

Les maisons particulières furent souvent ornées de la peinture du Saint, pour en être la sauvegarde.

On la reproduisait parfois aussi à l'angle des rues tortueuses des grandes villes.

Ces diverses manifestations de foi, dans leur expression aussi variée qu'accentuée, indiquent assez combien le culte de saint Christophe a pris de profondes racines dans le peuple chrétien.

La popularité d'un saint se juge encore par la manière dont son patronage a été adopté au cours des siècles. Or, rien de plus accusé sous ce rapport, car plusieurs corporations de métiers se sont fait gloire de se placer à l'envi sous le vocable et la protection de saint Christophe.

A voir dans nos églises, ces statues aux membres solides, aux proportions colossales, à voir ce colosse appuyé sur un arbre qui lui sert de bâton, on comprend sans peine que celui que ces statues représentent soit devenu le patron de ceux qui, par profession, doivent déployer beaucoup de force, peinent et fatiguent sous le poids des fardeaux.

Aussi saint Christophe a-t-il été choisi pour être le patron des *porteurs de grain*, des *déchargeurs de bateau*, des *charpentiers*, des *scieurs de long*, des *forts de la halle, et des crocheteurs.* Dans plusieurs villes de France, les corporations de ces divers métiers, comme les porte-faix d'Arles, avaient le nom de saint Christophe inscrit sur leurs bannières. A Doullens, avant de prendre part aux exercices d'un jeu qui demandait le déploiement de certaines forces, les jeunes gens allaient à l'église Saint-Martin invoquer celui qui, comme l'antique Atlas, avait porté le monde sur ses épaules, au dire de la légende.

Le palmier dont se servait saint Christophe en guise de bâton, fiché en terre et sur sa prière ayant porté des dattes, fut l'origine du patronage adopté par les jardiniers, les fruitiers et les marchands d'oranges. Les fruitiers de la ville de Paris, organisés en corps de métier sous le patronage de saint Christophe, avaient des statuts qui dataient de 1412.

Dans un vieux missel de Reims, on trouve, pour le jour de la fête de saint Christophe, une bénédiction pour les nouvelles pommes. En quelques autres endroits on avait des feux de joie, avec chants, où Saint-Christophe était invoqué pour assurer de grosses pommes.

Les arbalétriers ont aussi pris saint Christophe pour patron, en souvenir des flèches qui furent lancées contre lui lors de son martyre.

Après cela, il est facile de comprendre que les navigateurs, les marins et les bateliers aient eu foi en saint Christophe, lui qui autrefois prêta, dit-on, le concours de ses robustes épaules aux passagers d'un torrent, pour les conduire d'une rive à l'autre.

Les voyageurs de montagnes le choisirent également pour patron, sans doute à cause du vigoureux bâton sur lequel le saint avait contume de s'appuyer. Il y eut même les chevaliers de saint Christophe pour la protection des voyageurs, et au seizième siècle un souverain Pontife accordait certains privilèges à cette confrérie.

Dans beaucoup d'endroits, saint Christophe jouit, aux yeux du peuple, d'une vertu particulière pour écarter les ravages de la grêle, des orages, de la foudre, des tremblements de terre, et en général de toutes les perturbations de la nature, ainsi que des calamités publiques.

Autrefois, on sollicitait beaucoup son intervention dans les cas de possession diabolique, et, un jour, par la bouche d'un démoniaque, Satan fit cet aveu qu'après la Mère de Miséricorde le géant chrétien lui arrachait le plus de victimes.

Il fut toujours particulièrement invoqué dans les cas de peste et d'épidémie ; nombreux d'ailleurs et fort remarquables sont les faits de sa protection sous ce rapport.

On s'adresse encore à saint Christophe pour être guéri des maux de dents et des maux de tête ; contre l'épilepsie et la peur; pour combattre les migraines et les dérangements du cerveau.

Une invocation qui lui est fréquemment adressée, c'est pour être préservé de la mort subite et de l'impénitence finale, d'où ce vieux dicton :

Nec satanas cœdat,<br>
Nec mors subitanea lœdat.

*Celui qui invoque saint Christophe ne craint ni le démon ni la mort subite.*

Enfin ces secours que l'on demande par l'intercession de saint Christophe sont si multiples, que cela lui a valu d'être placé, et en bon rang, parmi les quatorze saints appelés auxiliateurs, à cause de la particulière bienfaisance, dont en tous temps ils ont fait preuve envers le peuple chrétien. Il a même été mis au nombre des cinq Bienheureux privilégiés, en l'honneur desquels on trouve une messe spéciale dans certains vieux missels.

Avec l'invention récente des automobiles la

facilité des voyages s'est accrue, mais aussi la possibilité de nombreux dangers et de graves accidents, et de là en nos jours comme un rajeunissement de la dévotion à saint Christophe. Car plusieurs des fervents de l'automobilisme, avec la foi traditionnelle qui les anime, ont voulu se prémunir contre la chance des dangers si fréquents dans ce genre de sport, et ils ont pris saint Christophe pour patron et spécial protecteur. Aussi maintenant voit-on souvent la médaille du saint martyr plaquée au fond de riches et brillantes autos. Et il n'y a pas bien longtemps on a pu voir, traversant les rues de Paris, une automobile royale, qui portait à son avant-train la statue de saint Christophe en argent massif ciselé. Des faits de protection marquée sous ce rapport se sont produits passablement en ces derniers temps, nous aurons à en citer d'assez remarquables.

De tout temps, saint Christophe a fourni d'heureuses inspirations à l'art chrétien. Citons seulement Simon Memmi, au XIIIe siècle ; au XIVe, Taddeo di Bartolo, dont le saint Christophe de Sienne est, dit M. Rio, l'œuvre capitale ; Mantègna et Guido Rémi au XVe ; au XVIe, le Titien, qui a donné une belle place au saint martyr dans son magnifique *Triomphe de la Foi*, puis au Pa'ais du *Grand Conseil de Venise* (1). Rubens et Hem'ing ont aussi exercé leur génie sur la noble

(1) Rio, *L'Art Chrétien.*

figure du saint martyr. L'école de Dusseldorf a publié en 1846 une gravure de saint Christophe d'un fini remarquable et saisissant de détails. Albert Durer a également traité ce sujet. Le saint Christophe d'Hipp. Flandrin, de la frise de Saint-Vincent de Paul à Paris, est aussi à citer.

Parfois, sans doute, il y a eu sur ce sujet des œuvres inférieures. Mais, du moins, dans toutes ces œuvres diverses de la peinture et de la statuaire, dans ces statues hors proportion représentant le Porte-Christ sous des formes athlétiques et une expression barbare, ce que le peuple chrétien aime surtout à voir dans ces œuvres du passé, c'est le souvenir et l'idée qui s'y attachent ; et dès lors c'est la consécration traditionnelle et religieuse du culte immémorial rendu à l'illustre martyr du Christ. L'ex-voto d'Antoine des Essarts à Notre-Dame de Paris, représentant un saint Christophe de dix-sept mètres, adossé comme une tour contre le gros pilier du clocher de droite, traduit bien à sa manière la foi du peuple pour notre Saint, car l'inscription disait simplement que l'on avait fait faire *ce grand image en l'honneur et remembrance de Monsieur saint Christophe l'an 1413.*

Tous les arts, chacun dans leur note, ont payé leur tribut d'hommage au grand martyr.

Les associations pieuses, qui se sont fondées en son honneur, pour rendre hommage à sa sainteté et s'assurer sa protection, nous ont aussi laissé l'écho de leur foi et de leur piété dans des oraisons, invocations et litanies, qui toutes portent la plus vive expression de leur confiance en son crédit près de Dieu.

La reconnaissance enfin a eu plus d'une fois à se traduire pour le remercier de faveur. insignes et multiples. On peut dire au reste que le culte traditionnel de saint Christophe n'est guère autre chose que le résultat d'une incessante reconnaissance, qui attire sans cesse de sa part de nouveaux bienfaits, par l'invincible confiance qu'elle entretient dans l'âme du peuple chrétien.

Ainsi pour sa part saint Christophe a grandement justifié le mot du prophète, quand il a dit : « Dieu est admirable dans ses saints. » (1)

(1) Psaume LXVII, 36.

# IV

## La PAROISSE de S<sup>t</sup>-CHRISTOPHE-le-JAJOLET

ET

## Sa CONFRÉRIE de SAINT-CHRISTOPHE

Chaque lieu a son patron particulier, sous le nom duquel il est fier de s'abriter, comme sous l'égide d'un palladium sacré.

On peut se demander quelle a été l'origine du vocable pour chaque paroisse. Parfois, c'est le passage d'un saint, semant le prodige et le bienfait sur ses pas, qui aux temps lointains l'a ainsi fait naître. D'autres fois le crédit et la notoriété qui, à certaine époque, se sont attachés à la mémoire d'un Bienheureux, ont fait choisir son patronage. Quelquefois la dévotion d'un seigneur fondateur d'église pour le Saint dont il portait le nom, ou en qui il avait une particulière confiance, a pu faire choisir son vocable. Il a pu se faire encore que les reliques d'un saint aient valu son nom au lieu où elles se sont fixées. Mais il faut bien admettre aussi que souvent la raison du choix d'un saint, comme patron d'un lieu, se perd dans la nuit et le mystère des temps.

Quoi qu'il en soit, l'existence de ce vocable a été d'ordinaire l'occasion d'une vive confiance dans le saint choisi par la foi des ancêtres ; c'est le cas pour la paroisse de Saint-Christophe-le-Jajolet.

D'une expression particulièrement significative, le nom de Christophe par lui seul, avec les souvenirs qui s'y rattachent, attire la confiance et excite la piété du peuple.

De temps immémorial, à Saint-Christophe-le-Jajolet, le nom et la fête du saint patron ont été en grand honneur.

Un vieux document du xiiie siècle nous apprend qu'à cette époque le prieur de Saint-Victor de Perrières, dépendant de l'abbaye de Marmoutiers, était en possession du droit de gîte au manoir de Saint-Christophe. Comme souvent ailleurs, le château du lieu était situé près de l'église, à laquelle il avait vraisemblablement donné naissance. En ce temps-là même, saint Christophe ne se nommait pas le Jajolet, comme aujourd'hui, mais Saint-Christophe-de-la-Tour.

On croit que ce droit de gîte remontait à la plus haute antiquité, et dut prendre naissance avec les origines de la paroisse. Il ne s'exerçait d'ailleurs qu'une fois l'an, à l'occasion de la fête patronale.

La veille donc de la Saint-Christophe, le prieur de Perrières arrivait au manoir du lieu, escorté de trois hommes, et avec deux chevaux, et il s'installait avec sa suite au château pour le jour de la fête, jusqu'au lendemain. Il était, pendant ce temps hébergé avec ses hommes, et ses chevaux étaient entretenus aux frais du seigneur. Ainsi le voulait la coutume.

Ce droit de gîte venait de ce que le prieur de Perrières possédait de temps immémorial le fief de la Bretonnière, domaine situé au village qui porte toujours ce nom, et où l'on voit encore les vestiges d'une ancienne demeure seigneuriale.

Cela prouve que la fête de Saint-Christophe eut assez vite ici grand renom, puisqu'elle valait ce droit de gîte à un prieur du dehors. Ce jour-là, en effet, il y avait pieuses démonstrations et grande liesse à la modeste bourgade, où le renom du saint patron attirait un nombreux concours de peuple. En ces temps, la piété donnait surtout aux fêtes chrétiennes leur cachet et y attirait de loin. C'était bien cela pour la fête de Saint-Christophe, puisque le prieur de Perrières lui-même tenait chaque année à s'y rendre en compagnie.

En 1299, Jean de Cléray, chevalier, voulut s'affranchir de cette obligation de donner l'hospitalité au prieur de Perrières et à sa suite, au moyen d'une rente de cent sols tournois, qu'il promit de payer tous les ans audit prieur. Mais on peut croire que si le prieur dut depuis lors faire à ses risques le voyage de Saint-Christophe, il ne consentit pas pour cela à se priver de l'avantage d'assister à la fête du saint patron du lieu, en faisant la visite annuelle à son sanctuaire.

Toujours est-il qu'un peu plus tard, en 1410, il y avait accord entre Denis Edouard, écuyer, devenu seigneur de Saint-Christophe-le-Jajolet, comme on disait alors, par suite de la vente de ce fief, que lui avait faite Jean de Clairefeuille, écuyer, mari de Jeanne de Cléray, elle-même sœur de Jean de Cléray, et frère Hugues Gonzalain, prieur de Perrières, au sujet d'une rente de cinq sols. Ce qui prouve que les vieux usages, relatifs à la fête de Saint-Chsistophe, se maintenaient avec le temps.

Cette rente d'ailleurs continua d'être ainsi acquittée jusqu'en 1564. En cette année le prieuré de Perrières aliéna aux ventes ecclésiastiques cent sols de rente lui appartenant sur le manoir de Saint-Christophe. (1)

On ne sait si depuis cette époque les prieurs de Perrières ont continué d'honorer de leur présence la fête de Saint-Christophe, comme l'avaient fait leurs prédécesseurs, mais ce qu'il y a de certain c'est que depuis lors cette solennité annuelle n'a cessé d'avoir son éclat accoutumé. Dans ces derniers temps même l'érection d'une pieuse

(1) Annales de la Confrérie de Saint-Christophe, nº 15, Juillet 1902, p. 6 et 7, *Passim*.

Confrérie sous le patronage du saint martyr n'a fait que donner un nouvel élan à sa fête.

Mais, avant de consigner ici l'origine de cette Confrérie, il nous faut tout d'abord parler de l'église où elle a son centre.

L'antique église, bâtie et rebâtie autrefois par la foi des ancêtres, n'eut jamais grand mérite architectural. C'était un de ces modestes sanctuaires, comme bien d'autres dans la contrée, aux proportions restreintes, en rapport d'ailleurs avec le chiffre de la population, et bâtie dans un goût très simple, suivant les ressources dont on pouvait alors disposer. Elle avait en outre le grave inconvénient de n'être nullement centrale pour la paroisse, puisqu'elle était située à l'une de ses extrémités, et certains villages avaient plus de cinq kilomètres à faire pour s'y rendre.

Le site, où se trouvait cette vieille église, ne manquait pas de charme, il était même d'un caractère assez pittoresque, et aujourd'hui encore le village se nomme La Butte. Toutefois les chemins creux qui y donnaient accès étaient quasi impraticables, surtout à la mauvaise saison. Là pourtant, pendant des siècles, les générations sont venues rendre à Dieu leurs hommages et prier saint Christophe. Aujourd'hui, l'antique sanctuaire a dû disparaître, mais le terrain, qui l'entourait et servait de cimetière, a été respecté et, à l'ombre de l'antique croix, qui le garde, les ossements des ancêtres dorment en paix le grand sommeil. Les immeubles, qui furent autrefois le presbytère et l'école, servent maintenant pour une exploitation agricole (1).

Le *Pouillé de Séez* donne quelques détails bien succints sur ce passé allant de 1468 aux dernières années du XVIII^e siècle. Vingt-six curés se sont succédé pendant cette période pour la paroisse de Saint-Christophe. Parmi eux on relève surtout les noms de Jean de Bernières, de Jean Le Cloutier, de Michel Néel, de Henri d'Esquay, de François de Tiremois, de Nicolas Prouvère, de Guillaume de Vigneral, de Lucas de la Haye, comme ayant appartenu à des familles marquantes de la contrée. Les de Tiremois notamment, qui ont un certain temps occupé le château de Sacy, furent présentateurs à la cure de Saint-Christophe, au titre de la seigneurie de l'If.

Le 26 octobre 1506, la pieuse Duchesse d'Alençon, Marguerite de Lorraine, présentait Jean Le Meignan, « en raison, dit le texte du *Pouillé*, de la tutelle et garde des enfants de Raoul Le Cloutier, seigneur temporel de l'If. »

On remarque aussi qu'en 1662 Rolland de Nollet, seigneur temporel, fut exclu du droit de présentation, parce qu'il était tombé dans l'hérésie de la prétendue Réforme.

On trouve en 1675 la collation de la chapelle

---

(1) Manuscrit de M. l'abbé G. Dupont, ancien curé de Saint-Christophe, *Passim*.

de Saint-Evroult, par M. de Tiremois, seigneur de Sacy, à son fils qui n'était encore que clerc. Cette chapelle de Saint-Evroult avait été dotée en 1674 d'une rente de soixante livres, à la charge d'une messe pour chaque fête et dimanche, car cet édifice était considéré comme une chapelle de secours pour la paroisse de Saint-Christophe. En 1673, M. de Sacy fit démolir cette chapelle pour la rebâtir à un autre endroit sur de plus petites proportions. Les habitants se plaignirent et il y eut procès. Ils soutenaient que cette chapelle était de temps immémorial une annexe de l'église paroissiale, ce qui d'ailleurs paraissait fondé. La nouvelle construction fut donc démolie, et la chapelle fut rebâtie dans de meilleures conditions, et M. de Sacy convint qu'elle serait l'annexe de l'église paroissiale.

Cette chapelle de Saint-Evroult sert aujourd'hui d'oratoire domestique pour le château de Sacy, et dans ces derniers temps Monsieur le Duc d'Audiffret-Pasquier l'a pourvue d'un mobilier artistique d'une réelle valeur.

Au temps passé, d'après le *Pouillé de Séez*, la paroisse de Saint-Christophe-le-Jajolet comptait deux cent soixante-dix communiants (1).

Pendant la période révolutionnaire, la paroisse, comme partout, connut les tristesses du schisme,

______

(1) *Pouillé du diocèse de Sées*, Decanatus de Ecoucheto, S<sup>tus</sup> Christophorus de Jajoleto.

mais le culte de Saint-Christophe n'en reçut nulle atteinte, et à la réouverture des églises il continua de se traduire par la piété traditionnelle.

Les curés du lieu eurent d'ailleurs toujours grandement à cœur de l'y entretenir. Leurs noms, à ce titre, méritent d'être inscrits dans ces pages. Ce furent depuis 1824, époque à laquelle la paroisse de Saint-Christophe fut érigée en nouvelle succursale, M. Esnault-Peltrie, et M. Zill-Désilles qui lui succéda en 1872; après lui est venu M. Basile Vadé en 1873, puis M. Debray en 1879, M. G. Dupont en 1898, et enfin le titulaire actuel, M. Thuault, installé le 30 novembre 1907. Les deux derniers titulaires se sont particulièrement occupés de l'extension du culte de saint Christophe.

Les tentatives de construction d'une nouvelle église dans un endroit plus central pour la paroisse commencèrent vers 1853; mais des difficultés administratives et de longs pourparlers firent que l'exécution du plan proposé par M. le duc d'Audiffret-Pasquier ne put commencer qu'en septembre 1863, et c'est à la messe de minuit de 1867 que la célébration du culte fut solennellement inaugurée dans la nouvelle église de Saint-Christophe.

Son emplacement avait été choisi au village de Baize, point plus central, mais non pas encore de bien facile accès, à cause du mauvais état des chemins. Depuis lors les choses se sont améliorées et l'on accède maintenant très facilement à la nouvelle église.

SANCTUAIRE
DE SAINT-CHRISTOPHE-LE-JAJOLET
(Vue de l'extérieur de l'Eglise)

C'est d'ailleurs à la suite de vœux depuis longtemps exprimés par la majorité des habitants que
ce déplacement s'est fait.

Mais là tout était à faire ; et pour rendre le lieu
tel qu'il est aujourd'hui, c'était une véritable
transformation à opérer.

L'initiative aussi intelligente que généreuse de
M. le Duc d'Audiffret-Pasquier, qui cédait gratuitement le terrain et par ailleurs aidait puissam-
ment de ses ressources personnelles, a valu à la
paroisse Saint-Christophe une église qui lui fait
honneur, avec tout son plan d'ensemble si bien
compris.

Les *Annales de la Confrérie de Saint-Christophe*
en ont donné une description que nous avons
plaisir à citer.

Au pays Normand, le jour de la Toussaint,
l'usage dans les familles chrétiennes, est de se
rendre au cimetière, où reposent les dépouilles
vénérées des ancêtres, et d'aller prier sur leurs
tombeaux. Il arrive donc que tous les ans, le 1er novembre, nos églises et nos cimetières sont visités
par des personnes étrangères à la paroisse, qui
viennent parfois de bien loin accomplir ce pieux et
filial pèlerinage. C'est à la plume de l'un de ces
pèlerins que nous devons la charmante description
du bourg de saint-Christophe, qu'on va lire.

« A dix kilomètres d'Argentan, non loin de la
route qui conduit de cet endroit à Mortrée et à
Séez, on aperçoit dans une délicieuse vallée l'église

de Saint-Christophe-le-Jajolet, dominée vers le Sud par la forêt d'Ecouves, et plus près par le manoir de Sassy. Ce vieux roi de la colline, dont la façade principale se compose de trois superbes terrasses ornées de draperies de lierre, dont les tourelles sont remplacées par des arbres gigantesques, est d'un aspect plus agréable et plus gai que les châteaux antiques avec leurs froids manteaux de granit et leur couronnne de créneaux.

Le soir, à l'automne, ce petit coin de terre apparaît charmant, grandiose, alors que le fond de la vallée s'enveloppe d'une brume vaporeuse, semblable aux vagues transparentes d'une mer immobile, et que les géants des grands bois, revêtus de nuances fortes, vont perdre leurs cimes altières, dans de gros flocons de nuages pleins de gloire et de majesté. Il y a tant d'harmonie entre ces merveilleuses couleurs des feuilles mourantes, et les étincelles rouges du soleil couchant, que le tout forme un imposant tableau.

Aperçue du côteau, assise au sein d'une nature, qui, au printemps, doit être exubérante de richesse et de fraîcheur, l'église imite une frêle nacelle qui vient jeter son ancre aux abords d'une île fertile et florissante. Son petit clocher nettement se dessine, entre le vert un peu noir des grands arbres. Bâtie au milieu d'un vaste terrain, que recouvre une jaune toison de feuilles mortes, sa façade reçoit dès le matin les chauds rayons du soleil levant, et regarde un superbe calvaire de granit élevé dans l'enceinte. Une magnifique plantation de tilleuls forme une avenue fort agréable.

En arrière de l'église et de chaque côté, se trouvent deux petits bosquets, plantés de bouleaux et de sapins. Une multitude d'oiseaux les habitent, y bâtissent leurs nids fragiles, et y élèvent leur couvée, à l'ombre du clocher.

Un écrivain a dit que les oiseaux étaient « la poésie des champs, l'hymne de l'air ». En effet, dans les bois solitaires et les villages isolés, leur présence est nécessaire. Qui donc animerait ces campagnes pittoresques et sauvages ? Qui donc remplirait les airs d'une ineffable symphonie ? Qui donc saluerait le réveil de l'aurore, et redirait, le soir, alors que tout s'endort dans le silence des nuits, un hymne d'amour et de reconnaissance à l'Eternel, si ces aimables chantres ailés, ne joignaient leurs voix aux sons de la cloche, aux soupirs des vents et aux prières sacrées de l'humble curé du village ?...

Entre les deux bosquets, on aperçoit le cimetière. Il est planté de grands sapins noirs, qui par leur triste murmure semblent implorer une prière pour les âmes disparues. On y voit des tombeaux sans faste, abrités par la Croix, et où croissent des fleurs semées par des mains, arrosées par des larmes qui ne savent oublier. Au milieu et au fond du champ des morts, se dresse une chapelle bâtie de pierres blanches. Dans cette sépulture, imposante par sa simplicité, reposent plusieurs membres illustres, d'une grande et noble famille, connue de la France entière, et vénérée de tous dans cette paroisse.

Que de réflexions fortes et vraies m'ont inspiré cette petite église, et ce simple cimetière de village ! Jamais, les grandes cathédrales, avec leurs dômes majestueux, leur architecture savante, leurs gracieuses ogives, leurs tours gigantesques qui s'élèvent jusqu'aux Cieux, ni les vastes cimetières des grandes cités, avec leurs tombeaux luxueux, n'enthousiasment le cœur comme une simple église de village, bâtie dans la solitude des grands bois, ou comme un modeste cimetière planté de sapins géants. Ces lieux déserts, empoignants, hantés par de pieux et robustes laboureurs, sont en harmonie avec tous les états de l'esprit. Il fait bon s'y reposer quelquefois, pour rentrer dans son âme, et y entendre plus distinctement la voix du Créateur.  (1)

Là, saint Christophe a son autel, où l'on vient souvent le prier, et plusieurs ex-voto attestent la reconnaissance pour le bienfait de sa puissance..

Au-dessus du portail de l'entrée principale se dresse une autre statue en pierre du saint martyr, don de M. le Marquis d'Audiffet-Pasquier. Le 26 juillet dernier, en la solennité de Saint-Christophe, cette statue recevait les bénédictions solennelles de l'Eglise (2).

(1) *Annales de la Confrérie de Saint-Christophe*, p. 7 et 8 du n° 11, Novembre 1901. Cet article est signé : Pierre H. O.
(2) Voir le n° 44 des *Annales*, Juillet-Août 1908, p. 1-8.

C'est dans cette église qu'en ces derniers temps a été canoniquement érigée la Confrérie de Saint-Chritstophe. Je laisse la parole à son fondateur, M. l'abbé G. Dupont, pour nous en raconter l'origine.

A la fin d'avril 1898 j'étais installé curé à la desserte de Saint-Christophe-le-Jajolet. Dès que j'eus pris contact avec ma population, je constatai que tous mes paroissiens, à de rares exceptions près, avaient une grande confiance en leur illustre patron ; qu'ils l'invoquaient souvent et qu'en retour de cette confiance et de ces prières, le bon saint les protégeait d'une façon sensible. Quelques traits qui me furent racontés et qui, plus tard, trouveront place dans ces pages, me frappèrent singulièrement. Aussitôt, me vint la pensée qu'il y avait peut-être là, pour moi, une excellente occasion de faire un peu de bien aux âmes qui m'étaient confiées. Je résolus donc d'établir une œuvre paroissiale qui, se basant sur la dévotion profonde et vraie, qu'avaient les habitants envers leur glorieux patron, exciterait à la prière indivinuelle, établirait l'assistance à la messe en semaine, une ou plusieurs fois par mois, attirerait aux grandes solennités de l'église une foule plus grandiose aux pieds des saints autels, et, par ces moyens attirerait sur mon peuple des grâces spéciales de préservation, de conversion et de salut.

La famille de M. le duc d'Audiffret-Pasquier, installée dans le pays depuis un demi-siècle, m'avait engagé à tenter quelque chose en l'honneur de saint Christophe et me promettait son généreux concours. J'ébauchai donc un projet d'association et sollicitai de Monseigneur l'Evêque de Séez son approbation. Mgr Bardel accueillit favorablement ma demande, me conseilla une Confrérie et en approuva les statuts le 25 juillet 1899, en la fête du bienheureux saint Christophe. Le dimanche suivant, 30 juillet, l'œuvre était solennellement installée dans la paroisse, en présence d'une foule nombreuse et sympathique.

Depuis cette époque, l'œuvre a parcouru une belle carrière. Emportée et propagée au-delà de sa terre d'origine, par des âmes avides de faire du bien, elle s'est répandue au loin. A l'heure actuelle, elle compte 750 membres, répartis dans dix-huit départements. En moins d'un an, elle a distribué plus d'un millier de médailles et autant d'images de saint Christophe, et fait célébrer plus de vingt messes aux intentions des Associés. Surtout elle a produit des fruits spirituels, du moins dans ma paroisse. Depuis sa fondation, saint Christophe y est certainement plus invoqué ; de plus, les deux messes dites chaque mois pour les membres de la Confrérie, sont suivies par un bon nombre de personnes, qui, ordinairement, ne pratiquaient point ce pieux exercice ; enfin, cette année, une demi-douzaine d'hommes, éloignés depuis longtemps des Sacrements de Pénitence et d'Eucharistie, sont revenus d'eux-mêmes, à la pratique du devoir

SANCTUAIRE
DE SAINT-CHRISTOPHE-LE-JAJOLET
(Vue de l'intérieur de l'Eglise)

— 71 —

pascal. Je ne puis m'empêcher de croire que les prières suscitées par l'œuvre nouvelle ont mérité les grâces qui ont ménagé et déterminé ces heureuses conversions.

Dieu veuille qu'en dehors de cette paroisse la Confrérie de Saint-Christophe ait produit de semblables effets et qu'elle continue, auprès de ceux qui en font partie, son rôle protecteur et sanctificateur (1).

Les Statuts de la Confrérie de Saint-Christophe sont grandement encourageants pour tous par leur peu d'exigence et par les avantages qu'ils procurent. Ils doivent trouver place ici.

### Article Premier

Une confrérie de Saint-Christophe est établie dans l'église de Saint-Christophe-le-Jajolet, avec l'approbation de Mgr Bardel, évêque de Sées.

### Art. 2

Pour faire partie de cette confrérie, il suffit :

1° D'exposer dans sa maison l'image de saint Christophe.
2° De porter sa médaille.
3° De réciter tous les jours l'invocation : Saint Christophe, priez pour nous. Aucune de ces pratiques n'est sous peine de péché, même véniel.

### Art. 3

Les noms des associés sont conservés sur le registre spécial de la confrérie.

(1) *Annales de la Confrérie de Saint-Christophe*, p. 7 et 8 du n° 3, Juillet 1900.

## Art. 4

La cotisation est ainsi fixée : tous les ans on versera 0 fr. 25, ou 5 francs pour toute la vie. Les cotisations serviront à couvrir les frais de l'œuvre, et à faire célébrer des messes pour tous les membres de la Confrérie.

## Art. 5

Des prières sont faites tous les dimanches pour les membres de la Confrérie. Deux messes sont célébrées tous les mois.

## Art. 6

On pourra gagner 50 jours d'indulgences :

1º Le jour de l'entrée dans la Confrérie,

2º Le jour de la fête de Saint-Christophe, le 25 juillet, ou le dimanche suivant (1).

Outre l'approbation de l'Evêque du diocèse, la Confrérie a reçu de précieux encouragements, émanant de plusieurs princes de l'Eglise, ou de célébrités actuelles. Nous nous faisons un devoir d'en relater quelques-uns.

ARCHEVÊCHÉ DE CAMBRAI

—

Cambrai, le 18 février 1905.

Monsieur le Curé,

Nous avons appris avec une grande satisfaction que la Confrérie érigée canoniquement dans l'Eglise de Saint-Christophe-le-Jajolet, au diocèse de Sées, en l'honneur du

(1) La Confrérie de Saint-Christophe a été canoniquement érigée par Mgr l'Evêque de Sées à la date du 25 Juillet 1899.

martyr saint Christophe, *Patron des voyageurs*, est fort prospère, puisqu'« elle s'est répandue un peu partout, même à l'étranger, et qu'elle compte 2.761 adhérents. »

Après avoir pris connaissance des statuts, approuvés par sa Grandeur Monseigneur l'Evêque de Séez, à la date du 25 Juillet 1899, Nous souvenant que, avant la Révolution, se trouvait dans l'ancienne Cathédrale de Cambrai une remarquable statue de saint Christophe entourée de la vénération des fidèles, et pour répondre au désir que vous nous avez exprimé, Nous joignons Notre approbation à celle de Monseigneur l'Evêque de Sées, et nous bénissons de grand cœur les efforts que vous ferez pour accroître le culte du saint Martyr.

† M.-A. SONNOIS,
*Archevêque de Cambrai.*

ARCHEVÊCHÉ DE PARIS      Paris, le 22 août 1908

Cher Monsieur le Curé.

Je retrouve la lettre que vous m'aviez adressée au moment où je suis devenu Archevêque de Paris, et dont je n'ai pu alors vous remercier.

Je bénis volontiers votre Confrérie de saint Christophe, et je vous envoie ma cotisation pour en être inscrit *Membre à perpétuité.*

J'invoque toujours ce saint protecteur dans mes voyages.

Recevez ,cher Monsieur le Curé, l'assurance de mes sentiments bien dévoués en N. S.

† LÉON-ADOLPHE,
*Archevêque de Paris.*

CONGRÉGATION
DU
SAINT-ESPRIT      Paris, le 4 juin 1908.

Cher Monsieur le Curé,

Je suis heureux de joindre mon nom à ceux de mes vénérables frères dans l'Episcopat qui ont déjà approuvé

votre belle confrérie de saint Christophe et je vous prie
de m'inscrire comme membre à vie dans la dite confrérie.

Je vous remercie d'une façon toute spéciale pour la superbe
médaille de saint Christophe que vous avez eu la délicate
pensée de m'envoyer ; je la placerai à un poste d'honneur
sur notre nouveau bateau *Pie X*, qui sera heureux de navi-
guer sous la protection du grand patron des voyageurs.

Sans doute, saint Christophe aura fort à faire avec nous,
car nous ne restons pas longtemps à la même place ; mais
sa haute stature nous garantit sa vaillance et j'espère
qu'il nous protégera d'une façon toute spéciale dans les
voyages que nous allons de nouveau entreprendre pour
la gloire de Dieu et le salut des âmes.

Bien affectueusement à vous, en Notre-Seigneur.

† Prosper AUGOUARD,
*Évêque du Haut Congo français.*

ARCHEVÊCHÉ
DE
MALINES

—

Malines, le 18 juillet 1908.

Monsieur le Curé,

Vous avez eu la gracieuse attention d'offrir à Son Emi-
nence une médaille de saint Christophe.

Le Cardinal me charge de vous en exprimer ses sentiments reconnaissants et de vous adresser une petite
indemnité en retour. Je vous l'envoie par mandat postal.

Veuillez agréer, Monsieur le Curé, l'assurance de mes
sentiments confraternels.

P. VRANCKER.

ÉVÊCHÉ
D'ÉVREUX

—

*Évreux, 12 Octobre 1908.*

Monsieur le Curé,

C'est de tout cœur que je joins mon approbation à celle
que votre Evêque vénéré a donnée à la Confrérie de Saint
Christophe, érigée dans votre église depuis dix ans.

Il y a trop d'accidents de chemin de fer, d'automobiles et de voitures, pour que je ne souhaite l'accroissement de cette Confrérie et de la dévotion à Saint Christophe.

Puissent tous les voyageurs se rappeler qu'ils ont au ciel un protecteur et lui demander avec confiance d'éloigner d'eux les dangers de plus en plus fréquents.

Agréez, Monsieur le Curé, l'assurance de mes sentiments de plus dévoués en N. S.

† PHILIPPE<br>Ev. d'Evreux.

Versailles, le 3 Octobre 1908.

ÉVÉCHÉ
DE VERSAILLES

—

*L'Evêque de Versailles* envoie ses meilleures bénédictions à la Confrérie de Saint Christophe et prie Monsieur l'abbé Thuault d'agréer l'assurance de ses sentiments bien dévoués.

LA LIBRE PAROLE
14, *boulevard Montmartre*

Le 3 Mars 1908.

—

DIRECTION

—

Monsieur le Curé,

Je vous remercie bien vivement de la sympathie que vous me témoignez en des termes qui me touchent profondément.

Vous avez raison de rappeler la dévotion toute spéciale consacrée à Saint-Christophe au Moyen-Age. Elle faisait partie de cet ensemble de traditions et de croyances qui caractérisaient l'esprit religieux de notre vieille France et la foi de nos ancêtres.

Cette confiance en saint Christophe s'est pourtant perpétuée à travers les siècles. Comme vous le dites très justement, saint Christophe reste encore le *protecteur des voyageurs* qui utilisent les moyens de locomotion les plus modernes et les plus perfectionnés.

Les « *chauffeurs* » l'ont pris pour leur patron et beaucoup d'amateurs de tourisme se placent sous la sauvegarde de saint Christophe, ainsi qu'en témoignent les images et les statuettes qui ornent parfois leurs automobiles.

Je souhaite le plus heureux développement à votre Confrérie et je vous prie d'agréer, Monsieur le Curé, l'assurance de mes sentiments respectueux.

Edouard DRUMONT.

A la date du 28 Février, une carte de M. de Mun, ainsi libellée, était adressée à M. le Curé de Saint-Christophe :

*Le comte Albert de Mun*

Présente ses respects à M. le Curé de Saint-Christophe, et lui exprime ses regrets que les occupations dont il est accablé actuellement ne lui permettent pas d'écrire un article pour les Annales *de la Confrérie de Saint-Christophe*. Mais, s'il juge à propos de reproduire quelques pages de ses discours ou articles, il l'y autorise très volontiers.

Le même jour, M. le Secrétaire de l'*Action Libérale Populaire* écrivait au nom du Directeur : « Monsieur Piou me charge de vous remercier de votre lettre et des petites feuilles de propagande de la Confrérie de Saint-Christophe qui est une *œuvre excellente et tout à fait digne d'être encouragée.*

Sous de tels auspices, et surtout avec l'aide de Dieu, l'œuvre a prospéré. Les *Annales de la Confrérie de Saint-Christophe* ont été créées pour lui servir d'organe. Elles paraissent tous les deux mois, et depuis lors ont eu à enregistrer nombre de faits de la bienfaisante protection de Saint-Christophe.

Nous en citons ici plusieurs, car ils nous semblent constituer comme une page d'histoire pour la piété contemporaine envers saint Christophe.

Voici tout d'abord le récit d'un fait, enregistré par les *Annales de Saint-François de Sales,* sous la signature de M. le Marquis de Ségur, où la protection de saint Christophe s'est manifestée d'une façon sensible.

Une jeune femme et son frère, chers à mon cœur, passaient sur la place de la Madeleine dans un coupé attelé de deux chevaux. Tout à coup, le timon se casse, les chevaux s'effarouchent, s'emportent, heurtent au passage les voitures si pressées en cet endroit de Paris. Ils bondissent follement : c'était la course à l'abîme.

Dès le début de l'aventure, le jeune valet de pied, intrépide et dévoué, s'était élancé du siège, précipité à la tête des chevaux, suspendu au naseau de l'un d'eux, tandis qu'un artilleur s'efforçait de maintenir l'autre. Après quarante mètres d'efforts et de secousses terribles, le valet de pied, atteint par un fiacre, tombe sous les roues de la voiture qui poursuit sa course à tout rompre. A peine a-t-il disparu, que le cocher, toujours droit sur son siège voit approcher le tramway à vapeur du boulevard Malesherbes. Retenir les chevaux est impossible. Que faire pour éviter le choc épouvantable ? Son parti est pris sur le champ. Il crie à l'artilleur de lâcher prise, et, risquant le tout pour le tout, il détourne les chevaux par un si violent effort que les traits se rompent, les bêtes affolées s'échappent avec le timon ; et le coupé vient s'effondrer sur la chaussée dans un formidable fracas.

Le cocher projeté tombe sur le trottoir et demeure sans connaissance. Des cris de terreur s'élèvent de toutes parts. Les malheureux qui se trouvent dans le coupé sont perdus.

On se presse, les sergents de ville plongent dans la voiture à demi brisée, retirent les deux voyageurs par la portière béante, et ils apparaissent sains et saufs, sans blessure, pâles, mais calmes, presque souriants, à la foule assemblée.

Par un véritable miracle, ils n'avaient pas été atteints, même par des éclats de verre, et après un quart d'heure passé dans une pharmacie, rassurés sur le sort de leurs serviteurs, ils purent rentrer chez eux en fiacre, bénissant Dieu et saint Christophe qu'ils avaient invoqués tout le temps du danger.

La protection du Saint s'était étendue aux braves domestiques, échappés, eux aussi, à un danger qui semblait mortel : le valet de pied n'avait été que heurté à l'épaule par les roues de la voiture, et, malgré ses contusions, il voulut et il put reprendre son service deux jours après.

Le cocher, resté évanoui pendant un quart d'heure, semblait plus gravement atteint ; il souffrait fortement des reins, et le médecin attendit pour se prononcer.

Le lendemain les douleurs avaient cessé, et cinq ou six jours après, le brave garçon remontait sur son siège. La miséricorde divine, mise en mouvement par saint Christophe, avait bien fait les choses, et l'action de grâce pouvait sortir sans réserve de tous les cœurs.

Les chevaux mêmes furent ramenés sans blessures, et, somme toute, il n'y eut de blessée, mais blessée à mort, que la voiture : encore était-elle assurée !

Donc, lecteurs, mes amis, mettez-vous, si vous n'y êtes déjà, sous la protection de saint Christophe. Ayez chez vous son image, ou sur vous sa médaille : c'est une médaille de sauvetage. Invoquez-le tous les jours, propagez son culte, et remontant des effets à la cause, des hommes et des saints à Dieu, bénissez le père des miséricordes d'avoir mis à notre disposition dans le ciel des protecteurs contre toutes les misères humaines, comme il a mis dans les plantes terrestres des sucs bienfaisants et variés destinés à prévenir ou à guérir les maladies innombrables qui menacent et tourmentent notre pauvre corps.

Après cela, c'est un écho de l'incendie du Bazar de la Charité :

Le 23 mai 1897, c'est-à-dire quelques jours après l'immense et terrible catastrophe de la rue Jean-Goujon, la *Croix de la Touraine* publiait à la gloire de notre bon saint, les deux extraits suivants que nous avons retrouvés,

et que nous sommes heureux de mettre sous les yeux de
nos lecteurs.

*
* *

« ... Saint Christophe vient de se montrer particulièrement
secourable en faveur des personnes qui portaient son image
sur elles, au moment de l'effroyable catastrophe du 4 mai.
De ces personnes aucune n'a péri, et l'une de nos sœurs
qui était au Bazar, lorsque éclata l'incendie, en est sortie
saine et sauve ; son voile n'a même pas été atteint.

« Il faut dire que notre bien chère Sœur est une ardente
propagatrice de la dévotion à Saint Christophe, que son
image la suit partout, et qu'elle ne sort jamais de la maison
sans se recommander à ce grand saint. Plusieurs dames
ainsi préservées si miraculeusement se sont engagées,
par reconnaissance, à propager cette dévotion. »

. . . . . . . . . . . . . . . . . . . . . . . . . . . . . . . . . . . . . . . .

« ...Le bon Dieu a daigné épargner tous les miens
et tous mes amis, et cela en vérité bien miraculeusement
car chacun d'eux devait s'y rendre à cette heure fatale
et tous ont été retenus chez eux providentiellement
au moment où ils allaient partir. Tous les jours, j'invoque
saint Christophe pour mettre ceux que j'aime à l'abri
de tout danger. Le bon Saint exauce visiblement... »

*
* *

Nous ne voulons pas insister sur les mots « *miraculeusement* » contenus dans ces deux lettres. Nous faisons
remarquer seulement, que très souvent Saint Christophe
confirme par des secours tout particuliers, la confiance
qu'ont en lui certaines personnes, qui portent sa médaille,
aiment son image et l'invoquent souvent.

A la date du 15 mai 1901, c'est l'attestation de
la préservation d'un grave danger due à l'intervention de saint Christophe :

**Monsieur le Curé,**

J'aurais répondu dès dimanche à votre dernière lettre, sans un accident qui est arrivé de samedi à dimanche et dans lequel j'ai bien failli perdre la vie. Il est vraiment miraculeux qu'on soit arrivé à temps pour me sauver, et je crois devoir la vie à la protection de saint Christophe, dont l'image est dans ma chambre. Le chalet que nous habitons possède deux terrasses dont l'une au nord et l'autre au midi et ma chambre donne sur la terrasse du midi. Dans la nuit du 11 au 12 cette terrasse s'est écroulée, entraînant le mur de ma chambre, de sorte que mon lit s'est trouvé sur le bord d'un trou béant qui donnait dans la cave. Au moindre mouvement, je pouvais tomber, et j'ai été tellement paralysée par l'effroi que je n'ai pas même pu appeler. Heureusement le bruit avait réveillé tout le monde, et on est accouru pour voir ce qu'il y avait, de sorte qu'on a pu m'emporter en prenant des précautions infinies. Je suis restée évanouie pendant deux heures, et aujourd'hui encore je suis à peine remise de cette secousse. Je crois pouvoir remercier le bon saint Christophe de cette visible protection.

L. D.

15 *mai* 1901.

Voici maintenant un autre écho de la catastrophe du boulevard Sébastopol :

Paris, 27 février 1904.

**Monsieur le Curé,**

« Je vous adresse cette lettre, pour vous faire part de l'heureuse intervention de saint Christophe éprouvée par ma famille, il y a huit jours, lors de la terrible catastrophe du boulevard Sébatopol. Je vous autorise à publier ce fait dans vos annales, afin de contribuer par là à la propagation du culte de ce grand Saint.

« Dans cet affreux incendie, nous avons été *miraculeusement* épargnés. Notre maison est exactement voisine de la maison incendiée et présentait le même aliment extrêmement dangereux, mes parents étant fabricants de peignes en celluloïd. Les flammes sont venues lécher les murs en arrière de notre maison. Ils sont encore tout noircis en deux endroits, et sur de très grands espaces. Mais les flammes se sont arrêtées là. Tout le monde chez nous, parents, employés, ouvriers, a été épargné, personne n'a reçu la moindre égratignure. Tous les carreaux ont été brisés, un panneau de porte a été arraché par la violence de l'incendie.

« Deux minutes avant l'explosion, ma mère était dans la salle à manger, où une grande quantité de carreaux brisés est venue s'abattre. Ces débris auraient pu la tuer, au moins lui crever les yeux. Un ouvrier a reçu toutes les vitres d'une fenêtre sur le dos. Habituellement cet ouvrier travaille face à la fenêtre ; par bonheur, il était retourné au moment de l'explosion, et il n'a pas eu la moindre blessure. Enfin, maison, personnes, matériel, tout a été épargné ; aussi les nombreux amis qui sont venus nous voir, à cette occasion, sont unanimes à dire ; — après s'être rendu compte des choses, — qu'il est absolument *miraculeux* que nous ayons été ainsi protégés, et que nous en ayons été quittes pour quelques dégâts matériels, presque insignifiants, et une terrible émotion.

« C'est pourquoi je tiens à vous faire part de ce fait extraordinaire, convaincue que la protection de saint Christophe est pour beaucoup dans cette préservation, car vous le savez, Monsieur le Curé, nous appartenons à votre Confrérie, et je puis vous assurer que nous portons la médaille de saint Christophe, que son image est exposée dans notre maison, et que nous invoquons tous les jours ce grand saint.

« Recevez, Monsieur le Curé, etc... »          M. L.

Le fait consigné dans la lettre qui suit atteste que la dévotion à saint Christophe se pratique sur tous les rivages :

Au mois de mai dernier, un colon de X... promenait un ami dans les jolis sites de cette île. La voiture était chargée de l'ami avec M. et M<sup>me</sup> *** et un bébé de vingt mois. On allait à une allure assez vive. Tout à coup M*** sent s'effondrer le siège qui le portait et se trouve projeté dans les jambes des chevaux. S'étant relevé promptement, il aperçoit sa femme et son enfant par terre, tout près des roues... Un essieu s'était rompu. Il court vers sa femme et son fils, et les retire heureusement de dessous la roue, qui, si le cheval eût fait un mouvement en avant, leur passait sur le corps. Transportés avec précaution dans une maison voisine, on constata que la mère et l'enfant n'avaient que des égratignures sans gravité. L'ami n'avait absolument rien ; il n'avait même pas été dérangé de sa place ; malgré le choc, il était resté assis sur le siège. Seul il portait sur lui la médaille de saint Christophe. Quant à M. et M<sup>me</sup> *** ils sont inscrits dans vôtre confrérie. Tous sont convaincus qu'ils ont été, dans la circonstance, préservés d'une manière tout à fait providentielle par ce bon saint Christophe, auquel ils ont confié depuis plusieurs années les risques de leur vie.

X...

D'autre part, on écrivait de Paris à M. le Curé de Saint-Christophe à la date du 6 novembre 1904 :

Paris, 6 novembre

Monsieur le Curé,

Dans deux accidents qui viennent de m'arriver, j'ai cru éprouver la protection de notre bon saint Christophe.

Une première fois, j'allais à la gare en voiture. Au détour d'une rue, le cheval effrayé par l'arrivée d'un tramway, s'emballa et malgré les efforts du cocher, se précipita au-devant du tramway. Instinctivement je criai au cocher d'arrêter. Tout près de heurter le lourd véhicule, le cheval s'arrêta sur la voie et se mit en travers, ne voulant plus avancer.

Heureusement le conducteur du tramway avait ralenti sa machine, et au lieu de nous culbuter comme je l'avais crains, un moment, celle-ci nous heurta seulement un peu, et le choc fit repartir notre cheval. Il reprit sa course folle

pendant quelques instants ; mais le cocher parvint enfin
à le calmer.

En dehors d'une protection spéciale de saint Chritsoph,
je ne puis expliquer comment nous n'avons pas été culbutés
par le tramway, et aussi comment nous avons pu parcourir
un assez long espace, tourner plusieurs fois, sans rien
accrocher.

Une autre fois, je me promenais avec mes deux enfants
avenue du Bois-de-Boulogne. Les enfants jouaient aux
chevaux, ma petite fille faisait le cheval et mon petit
garçon dirigeait sa petite sœur avec des guides. Au moment
où nous voulions traverser l'avenue de Malakoff, mon
petit garçon laissant traîner les guides, s'embarassa dedans
et tomba. Je me précipitai pour l'aider à se relever. C'est
alors qu'une voiture arrivant sur nous, ma petite fille
effrayée et qui me tenait par la main, me tira en se sauvant
du côté du trottoir. Son mouvement me fit tomber à mon
tour, et au même instant le cheval se trouva sur moi et
mon fils. Il s'arrêta alors, heureusement, et des gens
témoins de l'accident nous retirèrent sains et saufs tous
les deux.

Publiez ces deux récits si vous le jugez bon, et aidez-
nous, M. le Curé, à remercier notre bon protecteur.

M. D.

Dans le voisinage de Saint-Christophe-le-Jajolet,
d'Argentan, est venu ce témoignage le 28 novembre
1905 :

Argentan.

Cher Monsieur le Curé,

J'ai oublié de vous dire dans notre dernière entrevue,
que lors de mon voyage en Bretagne, mes trois sœurs
m'avaient bien étonné en me demandant si je connaissais
Monsieur le curé de Saint-Christophe-le-Jajolet, le Directeur de la Confrérie de Saint-Christophe. Et sur ma réponse
affirmative, elles ajoutaient que, grâce à la protection de
saint Christophe, une de leurs fermes avait été préservée
d'un très grave incendie.

Peu auparavant, mes sœurs avaient donné à leurs fermiers des images et des médailles de ce bon saint, et tous sont convaincus que saint Christophe les a protégés miraculeusement dans cette circonstance.

Cette ferme du Bois-Pinçon est attenante à une autre qui a été complètement consumée. Malgré les flammes qui venaient lécher les murs des constructions, malgré les nombreuses étincelles qui tombaient au pied des *pailliers*, rien absolument n'a été atteint ni endommagé.

Les voisins eux-mêmes, spectateurs du fléau, demandaient aux fermiers à qui ils pouvaient attribuer cette merveilleuse protection.

Je tenais à vous signaler ce fait extraordinaire de protection accordée par votre bon saint Christophe.

R. P. MÉNAGER, *Rédemptoriste*.

Au mois de septembre suivant cette double attestation parvenait à Saint-Christophe :

13 septembre 1905.

Monsieur le Curé,

M. X... m'a donné ce matin cinq francs, me priant de les remettre à l'Œuvre de Saint Christophe, pour remercier ce bon saint de la protection qu'il a accordée à deux personnes dans des accidents graves.

L'une de ces personnes marchait sur un plancher, examinant le plafond de l'appartement. Malheureusement une trappe ouverte se trouvait sur ce plancher ; cette personne n'y prenant pas garde s'y engagea malencontreusement et tomba dans le vide sur le pavé, la tête même porta violemment sur un escalier en pierre.

Quelqu'un ayant entendu le bruit de la chute, accourut et trouva la personne sans connaissance et baignant dans son sang. On transporta la victime à son domicile, et le médecin appelé, constata qu'il n'y avait rien de sérieux ; la plaie à la tête n'était pas grave, et les bras et les jambes étaient intacts. C'était à n'y pas croire ! En effet la chute devait être mortelle: il y avait au moins deux mètres de haut......

Nous invoquons tous les jours notre saint protecteur : c'est donc à lui que nous adressons nos remerciements, car cet accident est arrivé à l'une de nos ouvrières.

Le deuxième est arrivé à un Monsieur, bienfaiteur de notre Œuvre. Il revenait de la chasse en voiture. Se trouvant en retard, il activait son cheval. Un moment, l'animal se cabra, et renversa la voiture d'autant plus violemment qu'il marchait à toute vitesse. Les brancards furent cassés et le cheval grièvement blessé. Le Monsieur qui conduisait et le cocher qui se trouvait en arrière, furent projetés par terre. Le cocher s'étant relevé à peu près indemne, courut vers son maître et le trouva sans connaissance entre les jambes du cheval. — « Il est mort ! » s'écria-t-il, et il le dégagea de dessous l'animal.

Bientôt le blessé reprit ses sens, s'étonnant fort de n'avoir aucune blessure grave. En effet, il put s'en aller seul, à pied, jusqu'au château, qui d'ailleurs, se trouvait assez rapproché.

Détail intéressant, M. X..., ce jour-là, avait pensé particulièrement à ce chasseur, et avait demandé à saint Christophe qu'il ne lui arrivât aucun accident mortel...

S. C.

Le récit suivant est emprunté au *Bulletin paroissial de Pluder* :

Quand un saint daigne sourire à nos espérances, écouter nos prières, exaucer nos vœux, ne soyons pas des ingrats. Le meilleur gage de nouvelles faveurs auprès de lui, n'est-ce pas la reconnaissance des bienfaits reçus ?

Saint Christophe, glorieux martyr, spécialement invoqué contre tous les périls de la mer, la foudre, les incendies, les orages, la grêle, les accidents de toutes sortes, est aussi un protecteur dans les maladies.

Au mois de décembre dernier, il montra quelle était sa puissance, en arrêtant une terrible épidémie de grippe infectieuse qui menaçait de s'étendre rapidement et conser-

3*

va à l'affection de leurs parents deux petits enfants atteints de cette affreuse maladie.

En reconnaissance, dimanche prochain, 18 février 1906, à l'issue des vêpres, aura lieu la bénédiction solennelle d'une statue de saint Christophe, aux ruines du four à chaux dans le parc de la Motte-Beaumanoir. Tous les pères ou mères de famille qui ont le désir de se mettre sous le patronage de ce bon Saint sont invités avec leurs enfants à assister à cette petite fête.

Ils recevront gratuitement, chacun, une image encadrée de saint Christophe et une médaille bénite et indulgenciée pour attirer sur eux et sur leurs foyers les bénédictions de ce grand et puissant protecteur.

G.

Le 21 octobre 1906 c'est la reconnaissance qui se traduit en termes bien sentis pour un fait de préservation au milieu d'un incendie :

T..... 21 octobre 1906.

Je viens m'acquitter d'une dette envers le bon saint Christophe, car j'attribue à sa protection d'avoir échappé à un grand danger.

Voici les faits : le 10 octobre au soir, après avoir fermé les portes de ma maison, je mettais de l'essence dans une lampe en m'éclairant d'une bougie, (chose très imprudente, je l'avoue), quand tout à coup le feu prend au bidon. Prise de peur, je lâche tout et bientôt je me vois environnée de flammes, mon lit et ma table ayant pris feu.

Affolée, je tourne un instant au milieu des flammes puis sentant mon impuissance devant ce pressant danger, je me dirige vers la porte que j'ouvre à grand'peine. Il était temps. Je ne comprends pas comment avec mon tempérament nerveux je suis arrivée à me tirer ainsi d'affaire. Je n'ai eu du reste aucune brûlure, ce qui n'est pas moins surprenant. Par bonheur, ma porte ouverte, il m'arrive aussitôt du secours : des passants pénètrent dans la maison, étouffent un peu le feu et réussissent, mais non sans de pénibles efforts, à sortir le lit devenu un véritable foyer d'incendie. J'en ai été quitte pour la peur, mais une fameuse, je vous assure.

Aussitôt, j'ai pensé que je devais le salut à la protection de saint Christophe, dont je porte fidèlement la médaille et que j'invoque tous les jours.

Je vous prie donc Monsieur le Curé, de dire une messe d'action de grâces, en l'honneur du grand saint et vous donne toute liberté pour insérer le fait, dans les Annales, si vous le jugez bon.

L. R.

On écrit de Saint-André-de-la-Hoguette, le 2 juillet 1908 :

Suivant votre désir, je viens vous donner les détails de l'accident dont j'ai failli être victime.

Le dimanche 12 janvier dernier, je prenais le train de midi à Falaise, pour aller jusqu'à Potigny et de là me rendre à pied à Estry, mon pays natal ; lorsque, près de Potigny, dans une courbe, comme la locomotive était lancée en vitesse, elle sauta des rails, roula encore une dizaine de mètres et s'abattit sur le côté, entraînant à sa suite les wagons de voyageurs et emprisonnant sous sa masse les malheureux chauffeur et mécanicien.

Des cinq voitures, une seule est restée sur les rails ; moi et mes compagnons nous fûmes projetés les uns sur les autres, mais sans blessures graves.

Vous me demandez si, au moment même de l'accident, j'ai pensé à saint Christophe.

J'avais sur moi sa médaille ; elle est dans mon porte monnaie et je ne sors point sans l'avoir. Mais vous dire que j'ai pensé à l'invoquer au moment de l'accident, serait contre la vérité. Le premier instant de grande émotion passé, j'ai certes remercié le bon Dieu de m'avoir préservé, par l'entremise de saint Christophe.

Jamais je ne sortirai sans la médaille de notre puissant protecteur ; car j'ai vu le danger de bien près.

L. B.

De Bordeaux, venait l'attestation suivante le 5 mai 1908 :

Bordeaux, le 5 mai 1908.

On me prie de vous écrire afin de vous faire part de la protection miraculeuse que saint Cristophe vient d'accorder à un jeune homme portant sa médaille depuis peu. L'on désire, si c'est possible, que le fait paraisse dans les Annales, sous les initiales R. B....

Voilà le récit tel qu'il m'a été fait : « Un jeune homme de 17 ans, travaillant chez un fondeur qui occupe quatre-vingts ouvriers, venait de recevoir un ordre du contremaître. Pour faire comprendre qu'il avait entendu, il leva le bras, La manche de sa veste de travail fut alors prise par la courroie de transmission, qui met toutes les machines en mouvement. Au moment où le bras allait suivre et être broyé dans un engrenage, la courroie se coupa comme avec un couteau, à la surprise de tous les ouvriers voisins, qui voyaient déjà perdu leur camarade.

A la question de sa mère qui lui demandait s'il avait eu une pensée pour le bon Dieu en ce moment terrible, le jeune homme avoua très franchement qu'il n'avait eu *aucune pensée*, paralysé qu'il se trouvait par la peur.

« Heureusement, s'écria-t-il ensuite, que je portais sur moi la médaille de saint Christophe (1). »          R. B...

Enfin, tout dernièrement, quelqu'un qui porte un nom connu dans les lettres, le 23 juillet 1908, écrivait ce qui suit à M. le Curé de Saint-Christophe :

Saint Christophe vient de nous protéger d'une manière bien remarquable. J'avais reçu vos Annales quelques

(1) Voir les *Annales de Saint-Christophe*, nᵒ 2, p. 6 ; nᵒ 3, p. 7 ; nᵒ 9, p. 7 ; nᵒ 25, p. 6 et 7 ; nᵒ 27, p. 4 et 5 ; nᵒ 29, p. 7 ; nᵒ 32, p. 21 ; nᵒ 34, p. 36 et 37 ; nᵒ 37, p. 13 et 14 ; nᵒ 38, p. 4 et 5 ; nᵒ 43, p. 6.

jours avant le départ de mon fils aîné pour un voyage en automobile, qui m'inquiétait beaucoup. Je vous ai écrit tout de suite pour nous mettre sous la protection de saint Christophe, en entrant dans la Confrérie. Mais n'ayant pas le temps de recevoir les médailles avant le départ de mon fils, j'ai découpé la petite image, qui est sur la couverture des annales, et je la lui ai mise dans son portefeuille, en lui recommandant d'invoquer chaque jour ce grand saint.

Trois jours après j'apprenais que la direction de l'automobile s'était subitement cassée sur une route en chaussée au bord de l'eau ; que la voiture avait été précipitée sur le talus, et, par un vrai miracle, ne s'était pas renversée, mais était restée accrochée à des troncs d'arbres qui bordaient la rive et suspendue au-dessus de l'eau. Mon fils avait été projeté par-dessus son compagnon de voyage. L'un et l'autre se sont relevés sans une égratignure. La protection de saint Christophe est évidente, car ils étaient tous deux sous son égide, et, de l'avis de tous les gens compétents, l'accident aurait pu être mortel.

Saint-Christophe-le-Jajolet est donc vraiment un centre d'où rayonne une protection d'une merveilleuse efficacité pour ceux qui mettent leur confiance en saint Christophe, le martyr particulièrement aimé de Dieu et le grand protecteur, au moment du danger, pour ceux qui l'invoquent.

Le fondateur de la Confrérie, M. l'abbé G. Dupont, peut se réjouir des résultats de son heureuse initiative. M. l'abbé Thuault, son successeur, héritier de son zèle pour le culte de saint Christophe, est ainsi grandement encouragé à y apporter le même dévouement.

V

# PRIÈRES, HYMNES, LITANIES et CANTIQUE

## en l'honneur de Saint-Christophe

Depuis longtemps, chaque année, comme nous l'avons dit, la fête de Saint-Christophe est ici l'occasion de pieuses manifestations en l'honneur du saint martyr. L'église du lieu a la principale part dans ces démonstrations ; elle se remplit comme aux grands jours de l'année ; elle se pare de la verdure et des fleurs de l'été ; ses voûtes retentissent d'accents aussi pieux qu'harmonieux ; et le soir les reliques du saint patron sont solennellement portées en procession sous les ombrages qui entourent le sanctuaire, où il est si spécialement vénéré. Pour escorter la sainte relique, feu M. le Duc d'Audiffret-Pasquier a eu autrefois la délicate attention d'offrir à la confrérie deux riches lanternes, dont la structure est des plus artistiques. Le pieux cortège accomplit son parcours, sans que la fête profane, qui, à deux pas de là, n'attend que le moment de se produire, vienne en rien troubler le programme religieux. Quand il est rempli, elle a son tour. M. le général Sonnois, autre châtelain du lieu, aujourd'hui maire de Saint-Christophe-le-Jajolet, veille à ce que tout se passe dans l'ordre le plus parfait. Aussi la journée de Saint-Christophe ici s'écoule vraiment bien.

Dans le panégyrique du Saint, prononcé à la fête de cette année, l'orateur sacré terminait par cette prière : « Glorieux patron de ce lieu, n'oubliez pas que vous en êtes constitué le gardien. Veillez donc sur chaque foyer et sur chacun de ses membres. Préservez tous et chacun de tout accident fâcheux. Sans doute, gardez les corps contre les dangers, qui trop souvent les menacent, mais surtout gardez bien les âmes au milieu de tous les dangers de l'heure présente. »

Se bien recommander à la protection de saint Christophe, tout est là !

Ne sommes-nous pas tous ici-bas des voyageurs, allant des rives du temps à celles de l'éternité. Les jours de notre pèlerinage sont courts et mauvais. Heureux qui sait bien lui aussi porter le Christ pendant la traversée de cette courte existence. Celui qui sut si bien le faire à travers mille dangers ne demande qu'à nous aider. Recourons donc à lui pour être préservés de tous les dangers dont est plein le monde présent.

Pour venir au secours de la piété chrétienne, désirant implorer la protection de saint Christophe, nous n'avons plus qu'à transcrire ici les principales formules en usage pour louer le saint martyr et mériter les effets de son crédit près de Dieu. Nous ne pouvons mieux clore cet humble travail que par ces échos de la foi et de la piété envers l'illustre martyr.

La première prière que nous transcrivons ici est celle qui figure aux statuts de la Confrérie. On la récite chaque dimanche, dans l'église de Saint-Christophe-le-Jajolet, avec l'invocation du saint martyr, au prône de la messe paroissiale.

Glorieux martyr, saint Christophe, qui avez promis votre secours à tous ceux qui vous invoquent, protégez-nous, nos maisons et nos biens. Ecartez de nous les maladies contagieuses et les calamités de toutes sortes. Surtout, faites-nous triompher des tentations du démon, et préservez-nous de la mort éternelle.

Ainsi soit-il.

## Prière à Saint-Christophe
### contre la tempête et la grêle (1)

A domo tuâ, quæsumus, Domine, spirituales nequitiæ repellantur, et per virtutem sanctæ crucis, per preces sanctorum Apostolorum et sancti Christophori et sancti Clementis et sancti Cyrilli et omnium

Nous vous en prions, Seigneur, que la malice des esprits mauvais soit chassée de votre maison, et par la vertu de votre sainte Croix, par les prières des saints Apôtres, de saint Christophe, de saint Clé-

(1) Extrait du *Recueil général des formules usitées dans l'Empire des Francs du v° au x° siècle*, par E. de Rozière, p. 896.

sanctorum tuorum, aerarium discedat malignitas tempestatum. Per...

ment et de saint Cyrille, et de tous vos saints, que la malignité des tempêtes de l'air disparaisse. Par...

## Prière à Saint-Christophe
## contre tous les Tourments de la Vie

*(Usitée au xvᵉ siècle)*

Sancte Christophore, martyr Dei preciose, rogo te per nomen Christi Creatoris et illud prærogativum quod tibi contulit, quando nomen suum tibi soli imposuit : deprecor in nomine Patris et Filii et Spiritus Sancti, et per gratiam quam accepisti ut erga Deum et Sanctam ejus Genitricem mihi famulo sis propitius peccatori, quatenus tuo pio interventu facias me vincere omnes qui cogitant mihi mala, et per illud leve onus quod est Christus, quod transmarinum flumen in humeris tuis feliciter portare meruisti ; allevare dignare præsentes meas angustias, paupertates, tribulationes malas et perversas machinationes, fraudulentates conspirationes, mendacia, falsa testimonia, occulta sive operta comitia et alia quæ contra honorem

Saint Christophe, grand martyr du Seigneur, je vous prie par le nom du Christ, Votre Créateur, et par ce privilège qu'il vous a conféré, en vous donnant son nom à vous seul ; je vous supplie, au nom du Père et du Fils et du Saint-Esprit, afin que par la grâce que vous avez reçue, vous nous soyez propice auprès de Dieu et de sa Sainte Mère, à moi pauvre pécheur et votre serviteur. Faites-moi également, par votre pieuse intervention, triompher de tous ceux qui me veulent du mal et par ce poids léger, qui est le Christ, et que vous avez mérité heureusement de porter sur vos épaules à travers les eaux du torrent, daignez alléger mes angoisses présentes : les misères, les tribulations, les machina-

meum cogitando vel conspirando veritatis emuli mihi servo tuo inferre conantur, ut vita comite et salvo honore tecum gaudere valeam, in sæcula sæculorum.

Amen.

tions mauvaises et perverses, les conspirations frauduleuses, les mensonges, les faux-témoignages, les suggestions cachées ou à découvert, et tout ce que les ennemis de la Vérité s'efforcent de faire peser sur moi votre serviteur par leurs désirs et leurs projets contre mon honneur, afin que je puisse, mon honneur intact et ma vie sauve, me réjouir avec vous dans les siècles des siècles. Ainsi soit-il.

## Prière à Saint-Christophe

### pour

### être préservé de la Mort subite et imprévue

*(Usitée dans le diocèse de Tébénique, en Dalmatie)*

C'est à votre puissante intercession que j'ai recours, ô glorieux martyr de Jésus-Christ, saint Christophe, et je vous supplie de m'obtenir du Seigneur la grâce de n'être pas surpris par la mort sans être parfaitement préparé à ce grand passage, d'où dépend mon éternité. Et parce que l'heure de ma mort est incertaine, je veux m'appliquer dès maintenant à vivre chaque jour dans les dispositions que je voudrais avoir quand il me faudra paraître au tribunal de Dieu. Fortifiez dans mon âme, ô mon glorieux protecteur, cette résolution que je forme en ce moment, et donnez-moi d'y persévérer toute ma vie ; car, si je vis de la vie des justes, je mourrai de la mort des justes, et ainsi je serai trouvé digne de louer éternellement avec vous dans le ciel la miséricorde de notre Dieu. Ainsi soit-il.

## Trois Prières

### en l'honneur du Martyr Saint-Christophe

*(Traduites du livre de piété italien intitulé :* Manuale di Philotea, *par Don G. Riva.)*

### I

Ô glorieux saint Christophe, qui, à peine converti à la foi, vous êtes appliqué avec un zèle infatigable à répandre parmi les peuples de Lycie la lumière de la vérité, et qui, jeté en prison pour la cause de Jésus-Christ, avez converti deux malheureuses pécheresses, qui vous sollicitaient au mal, obtenez-nous à tous de travailler sans relâche au bien de la religion et de triompher généreusement de tous les ennemis, plus particulièrement des embûches et des séductions de la chair. Gloria...

### II

O glorieux saint Christophe, qui avez consacré à secourir le prochain la vigueur de vos membres et la hauteur de votre taille, et qui, en récompense d'une charité si nouvelle, avez mérité de porter sur vos épaules le Seigneur Jésus lui-même sous la figure d'un petit enfant, obtenez-nous à tous la grâce d'employer au service de nos frères dans le besoin nos biens, nos forces et nos personnes, afin de mériter par là dans le Ciel les faveurs éternelles de Dieu. Gloria...

### III

O glorieux saint Christophe, qui par votre puissance, par vos nombreux miracles et le martyre si cruel que vous avez enduré avec un courage tout héroïque, avez mérité de devenir célèbre et d'être invoqué chez tous les peuples, lesquels n'ont jamais imploré en vain votre secours au milieu de leurs misères et de leurs nécessités, ah ! nous vous en supplions, du siège de gloire où vous reposez, jetez sur nous un regard de pitié, soyez notre libérateur et préservez-nous de tout malheur, mais surtout délivrez-nous du péché, le seul vrai mal, qui arme de fléaux le bras de Dieu. Gloria....

## Hymne à Saint-Christophe

(Urbanie)

O nimis felix, fluvii per undas
Fama quem Christum puerum tulisse
Prædicat, nostris residens Olympo
    Annue votis.

Jure lætamur sibi quod patronum
Primitùs patres peperere nostri,
Te Dei athletam superosque adeptum
    Thuris honores.

Clara enim serto redimire frontem
Gesta non tantum meruere, at empta
Palma tormentis magis, et refuso
    Tincta cruore.

Cœlitus nostras igitur benignus
Nunc preces audi, pariterque laudes
Tanta qui large tribuit supernus
    Munera Rector.

A tuis morbos populis repelle,
Ut soles, sudum pluviasque dona ;
Vim procellarum cohibe, solumque
    Siste trementem.

Sint tibi grates meritique honores,
Summe qui cœlo dominaris alto,
Unus et nutu Deus atque Trinus
    Cuncta gubernasque.         Amen...

« Precibus et meritis sancti Christophori martyris.
« Sit nobis Dominus propitius et clemens.



3**

## OREMUS

Praesta, quæsumus, omnipotens Deus, ut qui beati Christophori, Martyris, memoriam agimus, ejus meritis et precibus a fulgure, tempestate, terræ motu, bello, peste, contagio atque ab omnibus malis inimicorum visibilium et invisibilium liberemur.　　　Amen.

## Hymne

O grand saint dont la renommée raconte
Que vous avez autrefois porté l'Enfant-Jésus
A travers les ondes d'un torrent,
Du ciel où vous résidez exaucez nos vœux.

C'est à bon droit que nous nous réjouissons
De ce que nos pères depuis longtemps
Vous aient choisi comme patron,
Vous l'athlète de Dieu parvenu aux honneurs suprêmes.

Ce ne sont pas seulement les belles actions
Qui ont mérité la couronne à votre front,
Mais surtout la palme conquise par les tourments
Et teinte de votre sang.

Du haut du ciel écoutez donc maintenant
Nos prières et nos louanges,
Vous à qui le Maître divin a départi
De si grands pouvoirs.

Eloignez de vos peuples les maladies, comme vous savez
Accordez-leur la rosée et le rayon bienfaisants ;　[le faire],
Empêchez la violence des orages,
Et préservez-nous des tremblements de terre.

A vous la grâce et les honneurs qui sont dûs,
Vous qui gouvernez le monde du haut des cieux,
Dieu en trois personnes qui d'un signe
Dirigez toutes choses.　　　Ainsi soit-il.

v. Par la prière et les mérites de Saint Christophe martyr.
r. Que le Seigneur nous soit propice et clément.

## PRIONS

Faites, nous vous en supplions, Dieu tout-puissant, que nous qui honorons la mémoire du bienheureux Christophe, martyr, par ses mérites et ses prières, nous soyons préservés de la foudre, de la tempête, du tremblement de terre, de la guerre, de la peste, de la contagion et de tous les maux dont nous menacent nos ennemis visibles et invisibles. Ainsi soit-il.

## Litanies en l'honneur de Saint-Christophe

Seigneur, ayez pitié de nous, Jésus-Christ ayez pitié de nous. Seigneur ayez pitié de nous.

Jésus-Christ, écoutez-nous, Jésus-Christ, exaucez-nous. Père céleste qui êtes Dieu, ayez pitié de nous.

Fils Rédempteur du monde qui êtes Dieu, ayez pitié de nous.

Esprit-Saint qui êtes Dieu, ayez pitié de nous.

Trinité sainte qui êtes Dieu un seul, ayez pitié de nous.

Sainte Marie, mère de Dieu,

Saint Christophe glorieux martyr du Seigneur,

Saint Christophe, intrépide champion de la foi de Jésus-Christ,

Saint Christophe, qui avez généreusement méprisé le monde et ses attraits,

Saint Christophe, enflammé de zèle pour le salut des âmes,

Saint Christophe, apôtre des infidèles.

Saint Christophe, prédicateur infatigable de la vérité.

Saint Christophe, qui de deux pécheresses avez fait deux martyres.

Saint Christophe, plein de noblesse et de fierté devant les menaces des tyrans.

Saint Christophe, admirable de patience au milieu des tourments les plus atroces.

Saint Christophe, épargné miraculeusement par les flèches des soldats.

Saint Christophe, modèle de force et de courage.

Saint Christophe, modèle de pureté.

Saint Christophe, rempli de confiance en Dieu.

Saint Christophe très puissant dans le ciel.

Saint Christophe, illlustre dans tous les siècles par vos miracles et vos prodiges.

Saint Christophe la terreur du démon.

Saint Christophe, qui avez préservé les peuples du fléau de la peste.

Saint Christophe, protecteur spécial contre les épidémies.

Saint Christophe, protecteur spécial contre les tremblements de terre.

Saint Christophe, guide des voyageurs.

Saint Christophe, port des naufragés.

Saint Christophe, très secourable dans toutes sortes de dangers.

Saint Christophe dont le culte bienfaisant remplit le monde entier.

Saint Christophe favorable à tous ceux qui vous invoquent.

Saint Christophe, notre secours et notre refuge dans les calamités.

Saint Christophe, notre sauvegarde dans les jours mauvais.

Saint Christophe, protecteur de nos aïeux.

Saint Christophe couronné de gloire et d'honneur dans le ciel.

Vous, notre appui, exaucez-nous, s'il vous plait.

Vous, notre défense, exaucez-nous s'il vous plait.

Vous notre espoir, exaucez-nous s'il vous plait.

Nous vous en supplions, bienheureux martyr du Christ, exaucez-nous s'il vous plait.

Agneau de Dieu qui effacez les péchés du monde, pardonnez nous, Seigneur.

Agneau de Dieu, qui effacez les péchés du monde, exaucez-nous, Seigneur.

Agneau de Dieu, qui effacez les péchés du monde, ayez pitié de nous.

« Priez pour nous, bienheureux saint Christophe.

« Afin que nous devenions dignes des promesses de Jésus-Christ,

## PRIONS.

O Dieu tout puissant qui avez accordé à votre glorieux martyr saint Christophe la grâce de surmonter de grandes et multiples tortures, faites, nous vous en supplions, que par son efficace intercession nous puissions vaincre tous les périls et qu'il soit pour nous un prompt et puissant protecteur dans le besoin et les dangers. Par Jésus-Christ-Notre-Seigneur Ainsi soit-il.

## Cantique à Saint-Christophe

Saint Christophe, à votre puissance
Nous venons demander l'appui des anciens jours.
Qu'il monte jusqu'au ciel ce cri de l'espérance :
Saint Christophe, à notre secours !
Qu'il monte jusqu'au Ciel, ce cri de l'espérance :
Saint Christophe, à notre secours !
Saint Christophe, à notre secours !

Tous heureux en ce sanctuaire,
Grand saint, nous voici revenus,
Pour vous redire la prière
Dont les accents vous sont connus.

Voyageurs d'un jour sur la terre,
Parmi les écueils du chemin
Si notre pied heurte la pierre,
Ah! du ciel tendez-nous la main.

Ah ! combien nous sommes fragiles,
Le moindre souffle nous abat !
Les armes, de nos mains débiles,
Tombent même avant le combat.

Hélas ! si parmi nous chancelle
L'amour du Christ et de sa loi,
Donnez-nous un cœur plus fidèle
Et la vaillance de la foi.

Oui, donnez-nous cette vaillance
Qui s'affirme et ne tremble pas.
Et jusqu'au ciel sans défaillance
Nous marcherons suivant vos pas.

Tous descendants de forte race,
Allant tout droit, ne craignant rien.
Tous nous aurons la noble audace
D'aimer Dieu, de faire le bien.

Nous savons la vertu puissante
De vos prières près de Dieu,
Priez pour l'âme confiante
Qui vous implore en ce saint lieu

Sur les flots gardez du naufrage,
Au faible soyez un appui.
A l'affligé donnez courage,
Au pauvre son pain d'aujourd'hui.

Que de bienfaits à tous les âges
Vous avez accordés ici !
Pour tous nous rendons nos hommages,
Pour tous nous vous disons : Merci.

Et Dieu, des élus le bon Maître,
Et des pécheurs l'espoir si doux,
Au ciel nous recevra pour être
A jamais heureux avec vous.

# TABLE DES MATIÈRES